福建省海岛资源生态监测与保护利用重点实验室资助项目（2024ZD08）
山东省高等学校"青创团队计划"项目"中国海岛零碳模式及实现路径研究"（2024KJL023）
山东省社科规划研究重点项目"山东推动黄河流域生态保护和高质量发展研究"（24BGLJ08）
烟台市校地融合项目"烟台市碳排放数据库开发与多场景碳减排路径研究"

中国海岛

零碳模式及实现路径

李跃 著

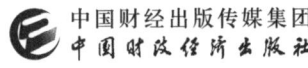

· 北京 ·

图书在版编目（CIP）数据

中国海岛零碳模式及实现路径 / 李跃著． -- 北京：中国财政经济出版社，2025.8． -- ISBN 978-7-5223-4152-1

Ⅰ．X145

中国国家版本馆CIP数据核字第20258MJ212号

责任编辑：董小烨　　　责任校对：徐艳丽
封面设计：卜建辰　　　责任印制：张　健

中国海岛零碳模式及实现路径
ZHONGGUO HAIDAO LINGTAN MOSHI JI SHIXIAN LUJING

中国财政经济出版社 出版

URL：http：//www.cfeph.cn
E-mail：cfeph@cfeph.cn

（版权所有　翻印必究）

社址：北京市海淀区阜成路甲28号　邮政编码：100142
营销中心电话：010-88191522
天猫网店：中国财政经济出版社旗舰店
网址：https：//zgczjjcbs.tmall.com
涿州汇美亿浓印刷有限公司印刷　各地新华书店经销
成品尺寸：170mm×230mm　16开　13.5印张　146 000字
2025年8月第1版　2025年8月河北第1次印刷
定价：62.00元
ISBN 978-7-5223-4152-1
（图书出现印装问题，本社负责调换，电话：010-88190548）
本社质量投诉电话：010-88190744
打击盗版举报热线：010-88191661　QQ：2242791300

前　言

　　全球气候变化是人类面临的严峻挑战之一，减少温室气体排放、实现碳中和已成为国际社会的共识。海岛作为海洋生态系统的重要组成部分，其生态环境相对脆弱，对气候变化的反应更为敏感。同时，海岛因其边界清晰、碳排放规模小而类型多样、风光资源丰富但基础设施薄弱，在各地践行国家"双碳"战略过程中，被率先选为零碳示范区。期望以零碳海岛建设为突破口，以岛屿"小切口"做活双碳"大文章"，激活零碳建设全局，助力实现"碳中和"目标。

　　作为"零碳"探索的重要尝试，零碳海岛建设为开展海岛保护与发展海洋经济注入了强劲蓝色动能，是极具生态价值的海岛绿色实践。零碳海岛并非无碳排放岛屿，它是指通过使用清洁能源、调整产业结构以及运用"减碳、零碳、负碳"技术等系列措施，使碳排放量与吸收量达到平衡，实现"净零排放"的岛屿。在全球应对气候变化之大背景下，作为"双碳"战略试验田，建设零碳海岛可利用岛屿封闭的地理单元构建完整的碳计量体系和治理闭环，为区域碳中和提供可复制经验；作为生态文明建设示范区，建设零碳海岛可通过探索"蓝碳"生态系统资源，实现逐梦深蓝、向海图强的有益尝试；作为新发展格局重要支点，建设零碳海岛可通过发展海洋可再生能源、低碳旅游等新兴产业，重塑海岛经济结构，培育高质量发展新动能。

党的十八大以来，我国"双碳"战略持续推进，零碳海岛建设先行先试成果显著。2020年，在第75届联合国大会上，我国向世界庄严宣告：中国将于2030年前力促全社会二氧化碳排放量达至峰值，2060年前力争实现碳中和。2024年11月，在国家主导下，烟台市率先发起《国际零碳岛屿合作倡议》。该倡议旨在强化零碳海岛建设的试点示范与前瞻性研究，做好海岛资源的保护、开发与利用，增强海岛经济的可持续发展能力。另外，该倡议的发布也将促进会员国间零碳海岛建设的技术信息共享与国际经验互鉴，提升应对气候变化的国际合作水平，助力国家气候外交。近年来，在先行先试积极探索的道路上，我国零碳岛屿建设取得了不凡成就。目前，典型的零碳海岛试点项目有海南博鳌近零碳示范区、湄洲岛零碳示范区、烟台长岛国际零碳海岛、湛江霞山特呈零碳岛等。其中，海南博鳌近零碳示范区全口径碳排放量已从1.2万吨（2019年）降至470吨（2024年），短短五年减碳率高达96.2%，成为绿色转型的"中国样板"。这一样板将催生更多城市更新范例，并为国际零碳海岛建设贡献中国智慧。

我国在零碳海岛建设方面虽然已有典型示范，但是关于零碳海岛建设的理论研究仍相对滞后，一定程度上限制了全国海岛零碳化的步伐。我国目前有岛屿7000余个，海岛间气候条件、资源禀赋和产业结构均有较大差异，需要全面梳理各海岛基本特征，对海岛类型进行总结归纳，提出不同类型海岛的零碳建设模式和实现路径。对此，本书以总结探索中国海岛零碳模式为目标，首先全面梳理了中国海岛的基本概况和零碳海岛相关研究现状，然后调查总结了国内外典型海岛零碳建设进展经验及存在问题，进一步理论分析了海岛零碳建设的内生动力和约束条件，最后总结提出了各类型海岛的零碳建设模式和实现路径。

本书的编写和出版得到了烟台市政府、自然资源部海岛研究中心、山东工商学院国际零碳岛屿研究院和零碳岛屿研究院支持，亦得到了相

前　言

关领域有关专家的斧正。感谢所有提供支持和帮助的专家、学者，亦感谢与我日夜奋斗的老师、研究生和本科生。

由于时间和精力所限，本书难免有疏漏和不足之处，请广大专家、学者和读者宽容，并在此恳切希望大家不吝批评和指正。

李　跃

2025 年 4 月

目 录

第1章 中国海岛概况 ……………………………………（ 1 ）
  1.1 中国海岛基本情况概述 ………………………………（ 3 ）
  1.2 海岛的多维价值 ………………………………………（ 9 ）
  1.3 海岛生态环境现状 ……………………………………（ 16 ）

第2章 零碳海岛的理论基础与研究现状 ………………（ 23 ）
  2.1 零碳海岛的概念与内涵 ………………………………（ 25 ）
  2.2 零碳海岛的理论基础 …………………………………（ 30 ）
  2.3 零碳海岛研究现状 ……………………………………（ 39 ）
  2.4 零碳海岛的实践现状 …………………………………（ 42 ）
  2.5 零碳海岛建设政策 ……………………………………（ 47 ）

第3章 国内外典型海岛零碳建设案例分析 ……………（ 51 ）
  3.1 国内海岛零碳建设案例 ………………………………（ 53 ）
  3.2 国外海岛零碳建设案例 ………………………………（ 76 ）
  3.3 经验借鉴与启示 ………………………………………（ 95 ）

第 4 章　中国海岛零碳化动力机制与约束条件分析 …………（ 99 ）
　　4.1　动力机制分析 ………………………………………（101）
　　4.2　约束条件分析 ………………………………………（110）

第 5 章　中国海岛零碳模式设计 ……………………………（145）
　　5.1　中国海岛分类与组团划分 …………………………（147）
　　5.2　"生产——生活——生态"多领域协同效应分析 ……（150）
　　5.3　不同类型海岛零碳模式设计 ………………………（156）

参考文献 …………………………………………………………（192）

后　　记 …………………………………………………………（204）

第 1 章
中国海岛概况

　　海岛作为独特的地理单元,在全球海洋治理与资源开发中占据重要地位。中国海岛数量众多、分布广泛,总面积约 8 万平方千米,岸线总长度达 14000 千米,构成了重要的海洋国土空间。本章重点阐述了海岛的基本概念、分类、空间分布、多维价值和环境现状,全面梳理总结了我国海岛的地理特性和基本情况,为海岛资源开发、生态保护及零碳模式设计提供依据。

1.1 中国海岛基本情况概述

1.1.1 海岛的概念界定

海岛是独特的地理单元，国际法和国内法规均就其定义和特征给出了明确规范。国际层面，《联合国海洋法公约》第121条将海岛定义为"四面环海水并在高潮时高于水面的自然形成的陆地区域"[1]。该定义强调了海岛的四个本质要素：四面环海水的基本属性、高潮时高于水面的物理特征、自然形成的成因属性，以及具备陆地区域的地貌特性，这些要素构成了判定海岛的基本准则。在中国法律体系中，2009年颁布的《中华人民共和国海岛保护法》采纳了这一定义框架，并引入了居民属性作为分类依据[2]。《中国海岛志》沿用了相同定义，而《海洋学术 语海洋地质学 GB/T 18190—2017》则从空间尺度角度，将海岛界定为"散布于海洋中面积不小于500平方米的小块陆地"，为海岛识别提供了具体量化标准[3-4]。

相较于其他海洋地理单元，海岛具有显著的特征，具体表现为：一是海陆两相性，主要体现了其独特的地理位置和环境条件；二是结构独立完整性，反映了其相对独立的系统性质；三是生态脆弱性，表明了其环境敏感性；四是资源独特性，凸显了其开发价值；五是动力两重性，说明了其在海洋动力过程中的特殊作用。这些特征使海岛在地理学研究、资源开发和生态保护中具有重要的科学价值和实践意义。

1.1.2　海岛数量与分布特征

2012年《全国海岛保护规划》的统计数据显示，中国共有面积在500平方米以上的海岛7300多个，海岛岸线总长度达14000千米，海岛总面积约8万平方千米，构成了中国重要的海洋国土空间[5]。

中国海岛的空间分布具有显著的地理特征和区域差异性（见表1-1）。

表1-1　　　　　　　国内海岛数量与分布特征

省份	海岛数量	典型岛屿	分布情况	海岛特点	省份特点
福建省	2214个	湄洲岛	分布集中，呈链状，密集型分布	以列岛或群岛形式出现	大陆海岸线全国第二
山东省	589个	长岛	黄海和渤海海域	有渔业、旅游资源等	位于黄渤海交界处
台湾省	63个	台湾本岛	岛屿众多且分布广	资源丰富，位置重要	台湾岛是中国第一大岛
上海市	26个	横沙岛	岛屿广泛，各具特色	产业、文化丰富	位于长江入海口
海南省	584个	东屿岛	群岛分布，数量庞大	海洋文化、旅游资源丰富	海洋资源多，中国第二大岛
浙江省	3061个	大陈岛	列岛数目多，组成了列岛家族	资源和人文景观丰富	岛屿最多的省份，地势复杂

续表

省份	海岛数量	典型岛屿	分布情况	海岛特点	省份特点
广东省	843个	横琴岛	海岸线长,沿海岛屿众多	岛屿面较大,地形多样	大陆海岸线全国第一
河北省	17个	菩提岛	海岛形成历史较短,规模较小	面积较小,植被较少	地势由西北向东南倾斜,山海相连
江苏省	12个	阳光岛	岛屿数量多,但面积普遍不大	地形以低山丘陵为主	海岸线较为平直,滩涂资源丰富
广西壮族自治区	547个	涠洲岛	岛屿数量众多,面积普遍较小	分布于港湾内,植被多	海岸线曲折度高,港湾水道众多
辽宁省	633个	獐子岛	岛屿数量较多	岛屿地形多样,面积大	山甲湾相间,港口资源密集
苏鲁交界处	6个	前三岛	连云港市与日照市之间	以基岩岛为主	无

注:以上数据为作者整理汇总,非官方数据,仅供参考。

从人口分布特征来看,中国海岛呈现出"以无人岛为主"的格局。其中,无居民海岛约占全部海岛个数的96%,有居民海岛不足600个,仅占总数的4%左右[6],常年有人居住的海岛有420多个,海岛总人口3000万以上[5]。

从区域分布特征看,浙江省海岛数量最多(约3000多个),占全国海岛总数的40%以上。舟山群岛是我国第一大群岛(包括舟山岛、岱山岛等),其中舟山岛是我国第四大岛。福建省数量次之(约2000多个),岛屿多靠近大陆,如平潭岛(福建第一大岛)、厦门岛(已通过桥梁与大陆连接)。岛屿多由火山岩构成,海岸线曲折,港湾资源丰富。我国海岛分布呈"南多北少、东多西少"的格局,密集区与板块活动、海岸类型（基岩海岸最易形成岛屿）密切相关。东南沿海省份因地处欧亚板块与太平洋板块交界，岛屿数量远超北方，且开发程度较高。

从南北方分布格局看，海岛数量分布不均，沿海省份中浙江省、福建省、广东省三省海岛数量最多，占全国海岛总数的70%以上。其中，浙江省舟山群岛、福建省平潭群岛、广东省万山群岛等均为密集区。东部沿海带状分布，海岛主要集中于东海和南海。多数海岛为大陆岛（基岩岛），这种分布格局既反映了自然条件的制约，也体现了区域经济发展水平和海岛开发利用程度的差异[7]。

从宏观地理格局看，中国海岛分布于亚洲大陆东部、太平洋西缘，跨越38个纬度、17个经度的广阔海域。东部与朝鲜半岛、日本毗邻，南部与菲律宾、马来西亚、文莱、印度尼西亚和越南等国家接壤，海域宽1700多千米，形成了复杂多样的海岛分布体系。

从海域分布特征看，四大海域呈现明显的数量梯度。东海海域海岛最为密集，约占全国总数的2/3，仅浙江沿海就分布有3000多个岛屿。该区域不仅大型岛屿众多，如台湾岛、崇明岛、平潭岛等，还拥有舟山群岛、南日群岛、澎湖列岛等重要群岛，仅在东部海域分布有钓鱼岛、赤尾屿等少数小岛。南海位居第二，约有1700多个岛屿，占比约1/4，既包括海南岛、东海岛等近岸大型岛屿，也包括远离大陆的南海诸岛。黄海海域约有500多个岛屿，主要分布于北部、中部的中国大陆一侧和渤海海峡，以面积30平方千米以下的小型群岛为主。渤海海域的海岛最少，仅在沿岸零星分布有觉华岛、菩提岛、桑岛等。

从省域分布数量看，浙江省海岛数量最多，占全国总数的43.9%；其次是福建省（22.2%）、广东省（10.9%）和广西壮族自治区（10.4%）。天津市、上海市和江苏省的海岛数量最少，三省市合计仅占全国总数的0.5%。从无居民海岛分布看，主要集中在浙江省（2836个，占42.37%）、福建省（1419个，占21.2%）和广东省（796个，占11.89%）三省。

从地形地貌关系看，海岛分布与海岸类型密切相关。山地、丘陵海岸及河口地区海岛相对密集，而平原海岸外较为稀少。总体上呈现"南方多于北方、近岸多于远岸"的基本特征。约70%的海岛距离大陆不超过10千米，98%属于小型岛屿，且多以群岛或列岛形式集中分布。这种空间分布格局既反映了自然地理条件的控制作用，也体现了历史发展过程中人类活动的影响。

1.1.3 中国海岛分类

海岛作为海陆兼备的特殊地理单元，构成了国家海洋权益的重要支撑点和海洋生态系统的关键节点。当前海岛主要分类方式有五种。具体分类及标准阐述如下。

（1）按分布构成及形态分类。这种分类法将海岛划分为孤岛、列岛和群岛三种基本类型。孤岛是最基本的空间单元，如福建东山岛、厦门鼓浪屿等；列岛呈现线形或弧形排列特征，典型代表包括嵊泗列岛、澎湖列岛、七洲列岛等；群岛则是较大规模的海岛集合体，包括长山群岛、舟山群岛、庙岛群岛、洞头群岛，以及南海海域的东沙、西沙、中沙、南沙四大群岛。其中，舟山群岛规模最大，由1390个岛屿构成，占浙江省海岛总数的48.3%，占全国海岛总数的12.6%（来自《中国海岛志·浙江卷》）。

（2）按与大陆距离分类。按照与大陆海岸的距离，可将海岛划分为远岸岛（>100千米）、近岸岛（10—100千米）、沿岸岛（<10千米）和陆连岛四种类型。统计数据显示，近岸岛和沿岸岛占主导地位，远岸岛比例不足3%，陆连岛约占1%。陆连岛通过人工构筑的堤坝或跨海道桥与大陆相连，促进了交通联系和经济往来，典型实例包括浙江玉环岛、宁波梅山岛、广东东海岛、广西龙门岛、舟山新区本岛等[5][7]。

（3）按成因机制分类。根据形成过程，海岛可分为冲积岛、大陆岛和海洋岛。冲积岛（又称堆积岛）由江河携带的泥沙在入海口堆积而成，地势低平，以浅滩为主，如上海崇明岛；大陆岛是大陆地块的延伸部分，因地壳运动导致与大陆分离，具有与大陆相似的地质构造特征；海洋岛则是海洋环境中独立形成的岛屿，主要包括火山岛和珊瑚岛。2022年第二次全国海岛资源综合调查显示，大陆岛占比超过83.6%，冲积岛约占12.4%，海洋岛不足2%。

（4）按面积规模分类。按照面积大小，可将海岛划分为特大岛、大岛、中岛和小岛四个等级。统计数据表明，98%的中国海岛面积不超过5平方千米，属于小岛范畴。面积超过2500平方千米的特大岛仅有台湾岛和海南岛两个；面积在100—2500平方千米的大型海岛有14个（含香港及台湾地区）；面积在5—99平方千米的中型海岛有133个，其中台湾9个、香港6个、澳门1个[8][9]。

(5)按人口属性分类。根据《中华人民共和国海岛保护法》规定,依据是否有户籍人口登记将海岛分为有居民海岛和无居民海岛。这一分类以户籍登记作为法定判断标准,而非实际居住状况。值得注意的是,即使岛上有常住人口,若无户籍登记也属于无居民海岛;反之,即使常住人口迁出,只要保留户籍登记,仍属于有居民海岛。与有居民海岛相比,无居民海岛往往具有地域结构简单、生态系统单一、环境相对封闭、生物多样性高但稳定性差等特点[10]。

1.2 海岛的多维价值

资源短缺和环境问题日益凸显,海洋在国家发展战略中的地位不断提升。《联合国海洋法公约》的生效实施,为各国海洋权益的确立提供了法律依据,也使海洋空间和资源的竞争日趋激烈。在此背景下,海岛因其独特的地理位置和多重战略价值,成为各国争夺的焦点[11]。

从全球视野来看,世界各国普遍强化了对海洋的战略布局。发达国家依托其技术和资金优势,加快海洋开发步伐;新兴经济体则积极谋求海洋发展机遇,推进海洋经济转型升级;小岛屿国家也充分利用其海洋管辖权,探索蓝色经济发展路径。这种趋势使得海洋权益竞争日益白热化,海岛的战略地位愈发突出。

就中国而言，海岛开发和保护已上升为国家战略。作为海洋大国，中国拥有数量众多、类型多样的海岛资源。这些海岛不仅是确定海洋管辖范围的重要依据，也是发展海洋经济、保护海洋生态、维护国家安全的战略要地。随着国家海洋意识的增强和海洋战略的深化，中国更加重视发挥海岛的多元价值，通过完善法律法规、创新管理体制、加强科技支撑等举措，推动海岛的科学开发和有效保护。

在新的历史时期，海岛的价值内涵进一步拓展和深化。除传统的领土主权和资源开发价值外，海岛在生态保护、科技创新、文化传承等方面的作用日益凸显。同时，全球气候变化、海平面上升等环境问题也给海岛带来新的挑战，需要在开发利用与保护修复之间寻求平衡。本节将从海洋权益、生态保护、经济发展、可持续发展等维度，系统阐述海岛的战略价值，深入分析其在国家海洋发展战略中的重要作用[12]。

1.2.1　海洋权益价值

海岛是维护国家海洋权益的基石，其重要性已远超岛屿本身的地理范畴，直接关系到沿海国家海洋管辖权的确立和海洋权益的维护。在现代国际海洋法体系下，海岛的权益价值主要体现在领海划界、专属经济区确立、大陆架延伸等方面，构成了国家海洋权益的重要支撑。根据《联合国海洋法公约》规定，符合条件的海岛可以主张12海里领海、24海里毗连区、200海里专属经济区，以及不超过350海里或2500米等深线以外60海里的大陆架。这意味着一个位于开阔海域的海岛，可以为所属国家带来约43万平方千米的专

第1章 中国海岛概况

属经济区管辖范围,以及更为广阔的大陆架权益空间。

中国拥有数量众多的海岛,这些海岛是确定中国海洋管辖范围的重要基点。以南海为例,南沙群岛的主权归属不仅关系到岛礁本身的主权,更涉及周边广大海域的管辖权及其自然资源的主权权利。通常所说的中国300万平方千米"蓝色国土",很大一部分是基于海岛计算得出。因此,维护海岛主权就是维护国家海洋权益。需要特别指出的是,海岛的权益价值并不取决于其面积大小或资源多寡,而是基于其战略位置和法律地位。即使是面积较小的海岛,只要符合《联合国海洋法公约》规定的条件,就可以产生相应的海洋权益。

在当代国际海洋秩序中,海岛的权益价值还体现在以下几个方面:第一,海岛是行使海洋管辖权的重要支点。沿海国家可以依托海岛建立执法设施,开展海上执法活动,维护海域管理秩序。第二,海岛是开展海洋权益维护的前沿阵地。通过在海岛部署必要的观测、监视设施,可以有效监控相关海域的活动情况,及时发现和处置侵犯本国海洋权益的行为。第三,海岛是开展海洋合作的重要平台。在处理海洋权益争端时,海岛往往成为各方开展对话协商的重要议题,也可以作为推进海洋合作的切入点。

1.2.2 生态环境价值

海岛是联系海洋与陆地的独特生态系统,其生态环境价值主要体现在生态系统完整性、生物多样性维持和生态服务功能等方面。作为特殊的地理单元,海岛不仅是众多物种的栖息繁衍地,也是维持海洋生态平衡的关键节点,在全球生态系统中具有不可替代的地位[13][14]。

从生态系统视角看，海岛拥有典型的复合生态系统特征。陆地生态系统包括森林、灌丛、草地等类型；滨海生态系统主要由沙滩、潮滩、红树林等构成；近岸海域生态系统则包括珊瑚礁、海草床、上升流区等。这种多元复合的生态系统结构，使海岛成为生态价值的重要承载体。其中，红树林生态系统具有特殊的生态价值，不仅能够减缓海浪冲击、防止海岸侵蚀，还能过滤陆源污染物、净化海水水质；珊瑚礁生态系统则是海洋生物多样性的关键所在，为众多海洋生物提供栖息、繁殖和觅食场所。

从生物多样性视角看，海岛是众多特有物种和珍稀物种的天然基因库。由于地理隔离效应，海岛往往形成独特的生物群落结构，孕育出大量特有物种。以我国海南岛为例，岛上拥有海南苏铁、海南蒲桃等特有植物，以及长臂猿、坡鹿等珍稀动物；南海诸岛则是海龟、海鸟等濒危物种的重要繁殖地。这些物种资源构成了海岛生态价值的重要组成部分。同时，海岛还是候鸟迁徙的重要中转站，在维持生物地理联系方面具有特殊价值。

从生态服务视角看，海岛发挥着多重作用。首先，海岛的森林、湿地等生态系统具有显著的碳汇功能，通过光合作用固定大气中的二氧化碳，对减缓全球气候变化具有积极贡献。研究表明，热带海岛的红树林、海草床等"蓝碳"生态系统，其单位面积碳储量远高于陆地生态系统。其次，海岛生态系统在调节气候、维持水文循环、防风固沙等方面提供重要服务。如海岛森林可以调节局地气候、涵养水源；滨海湿地能够缓冲风暴潮、净化水质；珊瑚礁则能保护海岸线、维持生物多样性。

从生态安全视角看，海岛是近岸海域生态安全的重要保障。一方面，海岛链构成了天然的生态防护带，能够有效减缓海浪冲击，保护大陆海岸线；另一方面，海岛生态系统在维持近岸海域生态平衡、保护海洋生物资源方面发挥着关键作用。特别是在全球气候变化背景下，海岛的生态屏障功能愈发重要。作为相对独立的生态单元，海岛为研究生物进化、生态适应、物种分化等科学问题提供了理想场所。同时，海岛也是研究全球气候变化、海平面上升等环境问题的天然实验室，其生态变化对环境胁迫的响应具有典型示范意义。

1.2.3 可持续发展价值

海岛作为独立地理单元，构成了探索可持续发展模式的理想场域。其系统封闭性与空间独立性形成了开展绿色低碳实践的天然实验基地，为能源结构优化、产业转型升级、生活方式绿色化等可持续发展路径探索提供了典型示范平台。海岛可持续发展价值随全球气候变化加剧与资源环境压力加大而日益凸显。

从能源可持续性视角看，海岛风能资源分布密集、品质优良，常年海陆风交替形成了稳定的风能密度场，为风力发电系统建设创造了有利条件。同时，海岛光照辐射强度高、日照时间长，太阳能资源丰富度显著高于内陆地区，光伏发电开发潜力巨大。此外，海岛周边海域蕴含丰富的潮汐能、波浪能等海洋能资源，为新型海洋能源开发利用提供了广阔空间。这种多元化的清洁能源开发格局，构成了海岛能源系统低碳转型的重要支撑。

从产业可持续性视角看，海岛特殊的资源禀赋结构和有限的环境承载力，形成了倒逼产业结构绿色化、低碳化转型的客观约束。海洋生物产业、海洋可再生能源产业、海洋生态旅游等绿色产业的集聚发展，推动了资源节约型、环境友好型现代产业体系的形成。海岛封闭性特征有助于构建完整的物质循环链条，实现资源高效配置与废弃物循环利用的系统优化。

从生态文明建设价值视角看，海岛生态环境的脆弱性与敏感性，决定了开发利用过程必须遵循生态优先原则。生态补偿机制建设、环境治理体系完善、生态产品价值实现机制创新等实践探索，形成了人与自然和谐共生的发展模式。海岛在生态保护、环境治理、资源利用等领域的创新实践，为生态文明建设提供了重要经验积累[14]。

1.2.4 经济发展价值

海岛经济发展价值体现在其特殊的区位条件和资源禀赋所形成的产业链整合效应上。作为陆海统筹发展的关键节点，海岛在推动区域经济一体化进程中发挥着独特的战略枢纽作用。目前，海岛经济已从传统的资源依赖型向现代复合型转变，呈现出多元化、高端化的发展态势。

海洋生物资源开发构成了海岛经济的基础性支撑。通过构建"养殖——加工——销售"全产业链体系，带动了海洋生物制品、海洋生物医药等高附加值产业发展。特别是在海洋生物技术创新应用方面，海岛为海洋生物资源精深加工、海洋生物活性物质提取等技术突破提供了产业化平台，推动了海洋生物经济的转型升级。

港口经济在海岛发展中具有战略引领作用。依托深水港址资源优势，海岛港口已发展成为全球航运网络的重要枢纽，其辐射带动效应体现在三个层面：一是推动临港产业集聚，形成以港口物流为核心的产业集群；二是强化了腹地经济联系，构建起海陆联动发展新格局；三是提升国际贸易便利化水平，增强区域经济竞争力。这种以港口为依托的产业集聚效应，不仅能够提升海岛的经济实力，还可为海洋经济向远海拓展奠定基础。

海洋新兴产业正成为海岛经济转型的关键驱动力。海水淡化与综合利用、海洋工程装备制造、海洋可再生能源等战略性新兴产业，因其高技术含量和产业关联度，对海岛产业结构优化具有显著推动作用。这些产业的技术创新效应和产业链延伸效应，能够有效带动传统产业升级，提升区域产业竞争力。特别是在海洋能开发利用、深海装备制造等前沿领域，海岛已成为技术创新和产业化示范的重要载体。

新兴经济模式成为海岛经济可持续发展的方向引领。一是数字经济的蓬勃发展为海岛经济开辟了创新路径，智慧海洋产业的兴起推动传统海洋产业数字化转型，催生了海洋数据服务、海洋信息技术等新业态，通过构建数字化基础设施体系和智慧化应用场景，正在形成以数字技术为引领的现代海洋产业体系。二是低碳经济发展为海岛经济开创了新领域，海岛借助其自身区位优势和禀赋优势，通过大力发展生态旅游、海洋牧场、清洁能源等绿色产业，探索经济发展与生态保护协调统一的新路径,为区域经济高质量发展注入新动能[15]。

1.3 海岛生态环境现状

随着经济社会发展和全球气候变化,海岛生态环境面临着日益严峻的挑战,表现出明显的脆弱性。这种脆弱性主要源于以下几个方面:首先,空间尺度的局限性决定了生态承载力有限,使得系统对外界干扰的抵抗能力相对较弱;其次,资源禀赋的特殊性导致生态系统的稳定性较差,易受环境变化的影响;最后,地理位置的特殊性使其更容易受到极端天气事件的冲击。这些因素的综合作用,决定了海岛生态系统对外界干扰具有高度敏感性,而其自我修复能力却相对有限。本节将系统阐述中国海岛生态环境的整体状况,深入剖析其环境质量、保护成效及面临的挑战。

1.3.1 海岛环境质量现状

中国海岛环境质量呈现出明显的区域分异特征,这种分异性既受自然条件的制约,也反映了人类活动的影响程度。通过系统分析环境质量的各个要素,可以全面把握海岛生态环境的现状特征。

第1章 中国海岛概况

在陆域生态环境方面,植被覆盖状况呈现出明显的退化趋势。据国家海洋局的系统调查数据显示,全国约有37%的海岛出现不同程度的植被退化现象,其中严重退化的比例达到12%。这种退化主要表现在三个方面:其一,群落结构简单化,生物多样性显著下降;其二,生态功能减弱,系统调节能力下降;其三,景观破碎化加剧,生态连通性降低。特别是在开发强度较大的海岛,原生植被遭到严重破坏,次生植被群落占据主导地位,导致生态系统的调节功能明显削弱。这种状况不仅影响了海岛的生态安全,还降低了其对极端气候事件的抵抗能力。

在海域环境质量方面,近岸水质污染问题日益突出,并呈现出复杂的时空变化特征。根据长期监测数据分析,我国海岛周边海域的水质状况不容乐观,水质达到或优于第二类海水水质标准的区域比例不足60%。污染物种类呈现多样化趋势,主要包括无机氮、活性磷酸盐和石油类物质等。这些污染物主要来源于三个方面:第一,陆源污染物的输入,包括生活污水、工业废水和农业面源污染;第二,海上养殖活动的影响,主要是养殖废水和残饵的排放;第三,船舶油污等海上污染源的影响。这些污染源的叠加作用,导致海岛周边海域的环境质量持续恶化。

在生物多样性方面,海岛生态系统正面临着前所未有的挑战。首先,栖息地破碎化导致许多物种的生存空间被严重压缩,部分特有物种的种群数量急剧下降。其次,过度捕捞造成渔业资源急剧减少,部分经济物种已处于过度开发状态。最后,外来物种入侵带来的生态风险日益加剧,部分入侵物种已在海岛生态系统中形成优势种群,对本地物种构成严重威胁。这些问题的综合作用,导致海岛生物多样性面临严重威胁。

1.3.2 海岛环境问题系统分析

海岛生态环境作为我国海洋生态安全的重要屏障,其环境问题具有显著的系统性、复杂性和累积性特征,海岛环境问题已从早期的单一污染发展为多要素耦合的复合型环境问题,这不仅影响着海岛生态系统的健康运转,更威胁着国家海洋生态安全的整体格局。

在生态系统退化方面,已呈现出明显的系统性特征。这种退化过程具有显著的空间分异性和时序演进特征。从空间分布来看,经济发达地区和旅游开发强度大的区域退化现象更为突出;从时间演变来看,生态退化呈现加速趋势,且存在明显的季节性波动。特别是地形地貌遭受的不可逆损害、植被系统服务功能的显著弱化以及生物多样性的持续丧失,已经构成了一个相互关联、相互作用的复合型生态问题。大规模的采石、挖砂等资源开发活动导致海岸地貌单元破碎化,进而引发自然岸线减少和地质环境稳定性降低等连锁反应。与此同时,天然林地面积持续萎缩导致的植被覆盖率下降,不仅降低了生态系统的水源涵养能力和水土保持功能,还影响着海岛的气候调节和生物多样性维持功能。

在环境污染问题方面,已表现出明显的复合型特征,从早期的单一污染源发展为多源、多介质、多途径的综合性污染。随着海岛开发活动的深入,污染源类型日益多样化,污染物作用机制更趋复杂。在水环境污染方面,除传统的生活

第1章 中国海岛概况

污水排放问题外，养殖尾水、船舶污染物以及海上溢油等新型污染源的影响日益显著。特别是在旅游旺季，游客数量激增导致污水处理负荷剧增，往往超出海岛现有处理设施的承载能力。监测数据表明，部分海岛周边海域的富营养化程度明显上升，局部区域已出现赤潮现象。大气环境质量同样面临着新的挑战，传统的燃煤发电和港口粉尘污染仍然存在，而且随着海岛开发强度加大，建筑施工、交通运输等临时性污染源的影响也不容忽视。

在资源利用方面，粗放性已成为制约海岛可持续发展的关键因素。目前海岛资源开发普遍存在短期行为和过度开发现象，这种粗放式的资源利用模式已经严重影响到海岛生态系统的稳定性。在矿产资源开发过程中，由于缺乏整体规划和科学论证，使地形地貌遭受破坏，生态系统服务功能降低。渔业资源的过度捕捞造成近海渔业资源衰退明显，部分经济鱼类种群数量锐减。旅游开发活动在追求经济效益的过程中，往往忽视环境承载力的限制，建设规模和游客数量明显超出海岛生态系统的承受能力。

在基础设施建设方面，滞后性已经成为海岛环境质量改善的瓶颈。目前，海岛环境基础设施建设存在明显的系统性短板，这种基础设施缺失不仅直接影响着污染物的有效处理，还制约着海岛社会经济的可持续发展。在污水处理方面，现有设施的覆盖率和处理能力都难以满足实际需求，部分海岛甚至完全缺乏污水处理设施，导致大量未经处理的污水直接排放入海。垃圾收集转运系统的不完善使得固体废物难以得到及时清运和妥善处置，进而引发一系列环境卫生问题。更值得关注的是，能源供应结构的不合理性进一步加剧了环境压力，大多数海岛仍然依赖化石燃料发电，可再生能源的利用率较低，这不仅增加了环境污染风险，还制约着海岛的低碳转型进程。

1.3.3 环境保护措施

近年来，我国在海岛生态环境保护方面开展了系统性工作，通过政策制度建设、生态修复和韧性提升等多个维度的协同推进，取得了显著成效。这些保护措施的实施不仅改善了局部海岛的环境状况，更为建立长效保护机制奠定了重要基础。

在法律政策体系建设方面，2010 年 3 月 1 日通过颁布实施《中华人民共和国海岛保护法》，标志着我国海岛保护工作进入法治化轨道。各级政府相继出台的配套政策措施，进一步构建了系统完整的海岛保护政策框架。截至 2024 年底，全国已设立各类涉岛保护区超过 200 个，涵盖海岛数量增至约 2500 个。这些保护区的设立有效遏制了过度开发行为，保障了关键生态系统的完整性。同时，通过建立生态补偿机制和环境影响评价制度，进一步强化了保护措施的约束力，推动保护工作从被动应对向主动预防转变。

在生态修复方面，"十四五"期间新增修复项目超过 200 个，全国累计完成海岛生态修复项目达 370 个以上，覆盖渤海、黄海、东海及南海四大海域。这些修复工程普遍采用生态优先、自然恢复为主的修复理念，注重生态系统的整体性和功能性恢复。通过植被恢复、岸线整治、栖息地修复等系统性措施，显著提升了生态系统的稳定性和韧性。特别是一批生态修复示范工程的成功实施，不仅积累了宝贵的实践经验，还形成了可复制、可推广的技术模式。

在韧性提升方面，通过加大投入力度和创新建设模式，海岛环境基础设施的系统性短板得到有效改善。在污水处理方面，"十四五"期间已建成运行的186座污水处理厂将日处理能力提升至150万吨，极大改善了海岛水环境质量。固体废物处理体系的逐步完善，使得215个垃圾转运站和处理场投入运营，年处理能力超过500万吨，基本实现了生活垃圾的无害化处理目标。值得一提的是，清洁能源利用水平的持续提高使得850个海岛实现电力全覆盖，可再生能源在能源结构中的比重逐年攀升，这不仅降低了环境污染风险，还为海岛的可持续发展提供了重要支撑。

1.3.4　环境保护面临的挑战

尽管海岛生态环境保护工作取得了积极进展，但在深入推进过程中仍面临诸多挑战。这些挑战既包含传统问题的延续和深化，也涉及新形势下出现的新型问题，其复杂性和系统性特征更加突出。

保护与开发的矛盾日益凸显，这种矛盾不仅体现在经济发展压力与生态保护要求之间的博弈加剧，更反映在开发强度与环境承载力之间的失衡加深。部分地区在追求经济效益的过程中，过度开发海岛资源，忽视了生态环境保护的长远意义。特别是在旅游开发过程中，建设规模和开发强度往往超出海岛环境承载力，加剧了生态系统压力。如何在保护与开发之间寻求平衡点，实现经济社会发展与生态环境保护的协调统一，已成为当前海岛管理工作面临的重要课题。

现有的管理体制机制仍存在明显不足,这种体制性障碍严重制约着保护工作的深入开展。首先表现为管理职责分散,部门间协调机制不够健全,各部门之间的职责界定不够明确,往往导致管理效率低下,难以形成工作合力。其次是保护资金投入不足,监管能力薄弱,目前海岛生态环境保护工作的资金来源渠道较为单一,难以满足日益增长的保护需求。更为重要的是,利益协调机制的不完善导致各相关方的利益诉求难以得到有效平衡,影响了保护政策的落实效果。

气候变化带来的影响日益加剧,这种影响具有长期性和不可逆性特征。海平面上升的威胁不断加大,使得低海拔海岛面临被淹没的风险,同时加剧了海岸侵蚀,直接影响海岛的生存和发展。极端天气事件频发则进一步增加了环境风险,暴雨、台风等极端天气的频率和强度增加,不仅加剧了海岛生态环境的脆弱性,还对防灾减灾体系提出了更高要求。此外,气候变化导致的环境条件改变,也对海岛生态系统的适应能力提出了严峻考验。

科技支撑能力的不足已经成为制约保护工作深入开展的关键因素。在生态监测领域,现有的监测手段和技术水平难以满足精细化管理的需求,特别是在实时监测和预警方面存在明显短板。污染治理技术的研发滞后同样值得关注,针对海岛特点的污染治理技术创新不足,许多关键技术仍依赖进口,这在一定程度上限制了环境治理效果的提升。生态修复技术水平的提升也面临挑战,对海岛生态系统演变规律的研究深度不够,难以为修复工作提供有力的技术支撑。这些技术瓶颈的存在,严重制约着海岛生态环境保护工作的质量和效率提升[16]。

第 2 章
零碳海岛的理论基础与研究现状

全球气候变化与极端天气频发问题，严重威胁海岛生态及社会发展。作为海洋经济与生态安全核心区，海岛亟须以碳中和为目标推进低碳转型，"零碳海岛"概念由此兴起，通过能源转型、产业重构与生态治理创新探索可持续发展路径。本章基于可持续发展、循环经济及低碳经济等理论，系统梳理零碳海岛的理论演进与实践路径，结合国际典型案例，剖析能源转型、产业升级与生态修复等核心领域进展，对比分析国内外政策工具，旨在构建跨学科理论框架，为零碳海岛建设提供系统性解决方案。

第 2 章 零碳海岛的理论基础与研究现状

2.1 零碳海岛的概念与内涵

随着全球气候变化问题日益严峻，"零碳"发展已成为国际社会应对气候危机的重要战略选择。在此背景下，零碳海岛作为一种创新的区域发展模式，不仅契合了全球气候治理的总体要求，更为海岛国家（地区）的可持续发展提供了新的思路和方向。深入理解零碳海岛的概念内涵，对于推进海岛国家（地区）的低碳转型具有重要的理论和实践意义[17]。

2.1.1 零碳发展的概念演进

零碳发展概念的形成经历了一个从认识到实践、从简单到复杂的渐进过程。这一演进过程深刻反映了人类社会应对气候变化认知的不断深化。在国际气候治理的早期阶段，减少温室气体排放是各国关注的核心问题。随着全球气候变化形势的日益严峻，国际社会逐步认识到仅仅关注减排是不够的，需要建立一个更加系统和全面的应对框架。因此，"碳中和"概念应运而生，并在国际气候治理实践中得到不断完善。

这一概念最早可追溯至 1992 年联合国环境与发展大会

通过的《联合国气候变化框架公约》。该公约首次明确提出了温室气体的"源汇平衡"理念,为碳中和概念的形成奠定了基础。1997年,《京都议定书》的签署进一步细化了减排目标和实现机制,使碳中和概念在实践层面得到深化。2015年,《巴黎协定》的通过则标志着国际社会对碳中和理念达成了广泛共识,并将其确立为全球气候治理的长期目标。随着实践的深入,人们逐渐认识到碳中和不仅是一个量化的平衡过程,更是一个涉及经济社会系统全面转型的复杂工程。在此基础上,零碳发展理念逐步形成并得到完善。与碳中和相比,零碳发展更加强调发展方式的根本转变,要求通过系统性变革实现经济社会发展与生态环境保护的有机统一。这种转变不仅包括能源结构的清洁化转型,还涉及产业体系的低碳重构、生态系统的修复优化以及社会治理模式的创新完善[18-20]。

零碳发展理念的形成深刻影响了区域发展战略的制定与实施。这种影响既体现在宏观层面的发展目标设定上,也反映在微观层面的具体实践路径选择中。在宏观层面,零碳发展为区域发展提供了新的价值导向,推动了发展理念从单纯追求经济增长向统筹经济、社会、生态效益转变。在微观层面,零碳发展为区域转型提供了具体的技术路径和政策工具,促进了低碳技术创新和制度变革[21]。

2.1.2 零碳海岛概念的理论建构

"零碳海岛"概念的提出是对零碳发展理念在特定地理空间单元上的创新性应用(见图2-1)。这一概念的形成过

第2章 零碳海岛的理论基础与研究现状

程充分考虑了海岛生态系统的特殊性,将减排增汇要求与海岛可持续发展目标有机结合,构建了一个完整的理论框架。从本质上看,零碳海岛是指在特定海岛区域范围内,通过系统规划和创新实践,实现能源清洁化、产业低碳化、资源循环化、消费绿色化、生态固碳化,最终达到碳排放与碳吸收动态平衡的发展模式。

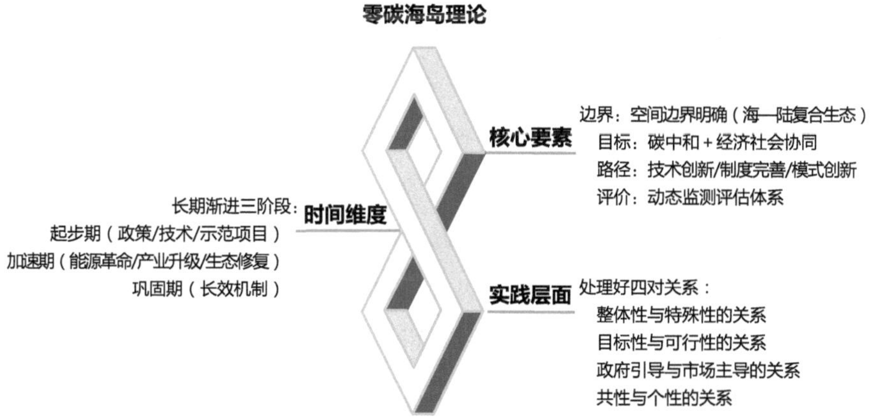

图 2-1 零碳海岛理论概念图

在概念内涵的界定过程中,零碳海岛理论重点强调了四个核心要素。第一个要素是空间边界的明确界定,这不仅包括海岛陆地空间,还涵盖了近岸海域以及两者之间的交互区域,构成了一个完整的海——陆复合生态系统。第二个要素是发展目标的系统设定,强调要在实现碳中和的同时,促进海岛经济社会的全面发展。第三个要素是实现路径的科学规划,要求通过技术创新、制度完善和模式创新,构建支撑零碳转型的系统性解决方案。第四个要素是评价体系的建立健全,需要建立科学合理的指标体系,对零碳海岛建设进程进行动态监测和评估。

从时间维度来看,零碳海岛的实现是一个需要长期坚持的渐进过程。这个过程可以分为起步期、加速期和巩固期三个主要阶段。起步期重点是构建基础支撑体系,包括完善政策制度框架、培育技术创新能力、建立示范项目等。加速期的主要任务是推动全面转型,通过能源革命、产业升级、生态修复等系统性措施,加快减排进程。巩固期则着重于制度化建设,通过建立长效机制,确保零碳发展模式的持续性和稳定性。

在实践层面,零碳海岛的建设需要处理好四对关键关系。一是整体性与特殊性的关系,既要遵循零碳发展的一般规律,又要充分考虑海岛的特殊性。二是目标性与可行性的关系,既要保持零碳目标的前瞻性,又要确保转型措施的可操作性。三是政府引导与市场主导的关系,既要发挥政府在战略规划和政策制定方面的作用,又要充分调动市场主体的积极性。四是共性与个性的关系,既要总结可推广的经验,又要因地制宜地探索适合本地特点的发展路径。

2.1.3 零碳海岛的基本特征

零碳海岛作为一种创新型区域可持续发展模式,具有鲜明的特征属性。通过系统分析零碳海岛的基本特征,可以更深入地理解其发展规律,为实践探索提供理论指导。从本质上看,零碳海岛的特征体系包括系统性、创新性和适应性三个核心维度,这些特征之间相互关联、相互支撑,构成了一个有机统一的整体。

第2章 零碳海岛的理论基础与研究现状

系统性是零碳海岛最基础和最关键的特征，它体现在发展理念、实践路径和管理模式等多个层面。在发展理念层面，系统性要求将海岛视为一个完整的社会—经济—自然复合系统，强调各要素之间的有机联系和相互作用。这种系统观既关注单个要素的功能发挥，更强调要素间的协同效应，通过整体优化实现系统效能的最大化。在实践路径层面，系统性表现为对发展战略的整体设计和统筹实施，要求将能源转型、产业升级、生态修复等多元目标统一于零碳发展的总体框架之下。在管理模式层面，系统性强调建立多层次、多主体的协同治理机制，通过制度创新和政策协调，确保各项工作的有序推进。

创新性构成了零碳海岛发展的核心动力，其重要性体现在技术、制度和模式三个层面。在技术层面，创新性主要表现为对清洁能源技术、智能电网技术、储能技术等关键技术的突破和应用。这些技术创新不仅为零碳目标的实现提供了物质基础，也推动了海岛能源系统的整体升级。在制度层面，创新性体现为对传统发展模式的突破和超越，通过建立新型的碳排放管理制度、生态补偿机制和低碳激励政策，为零碳转型提供制度保障。在模式层面，创新性表现为对发展理念和运营方式的创新探索，通过构建符合海岛特点的发展模式，实现经济效益、社会效益和生态效益的统一。

适应性是确保零碳海岛发展模式可行性和有效性的重要保障，这一特征在发展路径、技术选择和政策制定等方面都有深刻体现。在发展路径方面，适应性要求根据不同海岛的资源禀赋、发展阶段和环境容量，制定差异化的发展策略。这种差异化战略既考虑了各地的现实条件，又保持了发展目标的前瞻性，确保了转型路径的可行性。在技术选择方面，适应性体现为对技术方案的因地制宜和优化组合，根据本地实际情况选择最适宜的技术路线，避免盲目追求高端技术而忽视实际效果。在政策制定方面，适应性表现为政策工具的灵活运用和动态调整，通过建立反馈机制和评估体系，确保政策措施的针对性和有效性。

2.2 零碳海岛的理论基础

零碳海岛发展理论体系建立在多维度理论框架的交互融合与创新发展之上，这种理论架构不仅体现了可持续发展、循环经济、低碳经济、能源转型及韧性城市等核心理论的基本内涵，更强调了各理论之间的逻辑关联与协同效应。通过系统梳理与深入剖析这些理论基础，有助于从本质上把握零碳海岛发展的内在规律、演化机制与发展路径，为其实践探索提供全方位的理论指导与方法支撑。

2.2.1 可持续发展理论

可持续发展理论作为零碳海岛发展的根本性理论基础，其理论谱系可追溯至20世纪70年代生态环境保护思潮的兴起。这一理论经历了从单一环境保护到多维度协调发展的深

第 2 章 零碳海岛的理论基础与研究现状

刻演进，逐步形成了以"代际公平"为核心、以"强可持续性"和"弱可持续性"辩证统一为特征的理论体系。其中，"代际公平"原则强调当代发展不应以牺牲后代发展机会为代价，这一理念与零碳海岛追求的长期可持续性高度契合；而"强可持续性"与"弱可持续性"的辩证关系则为权衡自然资本与人工资本的替代程度提供了理论依据。可持续发展理论为零碳海岛建设提供了根本性的理论指导，其核心在于阐明海岛生态系统与人类发展活动之间的辩证关系[22-24]。

从空间维度来看，可持续发展理论强调资源利用必须遵循空间均衡原则，在开发和保护之间寻求动态平衡。这种平衡体现在海岛空间功能分区、资源开发强度控制、生态系统服务价值评估等多个方面。该理论特别强调了海岛生态系统的完整性保护，要求在资源开发过程中必须充分考虑生态系统的连通性和系统性，避免碎片化开发对生态系统造成不可逆损害。同时，该理论也关注到资源利用的空间差异性，提出要基于不同区域的生态敏感程度和环境承载力，制定差异化的资源利用策略。

从资源永续利用维度来看，可持续发展理论为零碳海岛的资源管理提供了系统性框架。海岛较多资源具有稀缺性和不可再生性特征，其合理开发利用直接关系到海岛的长期发展潜力。该理论强调在资源利用过程中必须坚持"强可持续性"原则，即自然资本与人工资本之间不具有完全的替代性，必须确保关键自然资本存量不降低。这一原则在零碳海岛建设中具体表现为：优先发展可再生能源，建立海岛特色的清洁能源体系；科学开发利用海洋资源，严格控制开发强度和范围；构建资源循环利用体系，提高资源利用效率。

从社会经济发展维度来看，可持续发展理论特别强调了海岛社会经济发展的特殊性，提出了基于本地资源禀赋的差异化发展路径。海岛经济发展往往面临产业结构单一、发展空间受限等问题，该理论要求必须推动传统产业向绿色低碳产业转型，培育新的经济增长点。这包括发展海洋新能源产业，建设海洋碳汇产业，培育生态旅游业等。同时，该理论也要求在产业转型过程中充分考虑社会公平性，关注当地居民的利益诉求，通过建立合理的利益分配机制，确保发展成果共享。

可持续发展理论对零碳海岛建设的指导还体现在对生态系统服务功能的深入认识上。该理论强调要充分发挥海洋生态系统的碳汇功能，通过红树林保护、海草床修复、珊瑚礁养护等措施，增强生态系统的碳固存能力。同时，也要注重维护生态系统的其他服务功能，包括调节功能、供给功能和文化功能，实现生态系统服务的整体优化。这种多功能协同的思路为零碳海岛建设提供了重要的理论支撑。在实践层面，可持续发展理论强调了分阶段实施的重要性，提出应采用渐进式转型策略，通过近期、中期和远期目标的分步实施，逐步推进零碳转型。这种分阶段实施策略既考虑了现实约束，又保持了发展目标的前瞻性。

2.2.2 循环经济理论

循环经济理论作为零碳海岛建设的关键理论支撑，是对传统线性经济模式的根本性变革。这一理论植根于工业生态

第 2 章 零碳海岛的理论基础与研究现状

学与生态经济学的学术传统,通过引入自然生态系统的物质循环原理,构建了以"减量化、再利用、资源化"为核心原则的理论体系。在理论发展过程中,通过整合产业生态学的共生理论、复杂系统论的整体观等多学科理论成果,进一步丰富和完善了循环经济的理论内涵。这种理论框架与零碳海岛追求的资源高效利用和环境低负荷发展目标高度契合,为海岛经济发展模式的创新转型提供了系统性指导[25-26]。

在资源循环利用方面,由循环经济理论可知,海岛必须构建多层次的资源循环体系。这种循环体系首先体现在水资源循环方面,通过建立雨水收集、海水淡化、中水回用等多层次水资源利用系统,形成完整的水资源循环链条。在能源循环方面,理论强调要构建以可再生能源为主、多能互补的能源系统,通过能源梯级利用,实现能源效率的最大化。在物质资源循环方面,要求建立覆盖生产和生活领域的完整物质循环体系,包括发展再制造产业、再生资源利用产业,提高资源循环利用水平。

在生态产业链构建方面,循环经济理论认为,海岛产业发展应通过产业链延伸和循环链接推动形成海岛特色的产业生态系统。这种产业生态系统的构建包括多个层面:在产业选择上,重点发展具有资源循环潜力的产业,如海洋生物资源产业、可再生能源产业、生态旅游业等;在产业组织上,通过建立产业共生园区,促进企业间的副产品交换和废弃物循环利用;在产业链条上,通过延伸产业链,发展深加工产业,提高资源的综合利用水平。

在物质代谢网络构建方面,循环经济理论提出了系统性的解决方案。理论强调要建立覆盖产品全生命周期的物质流动体系，包括原材料获取、产品设计、生产制造、流通消费、废弃处理等各个环节。在原材料获取阶段，强调选用可再生材料和低碳材料；在产品设计阶段，强调生态设计理念，提高产品的可拆解性和可回收性；在生产制造阶段，推广清洁生产工艺，实现生产过程的低碳化；在流通消费阶段，推动绿色物流和绿色消费；在废弃处理阶段，建立完整的回收处理体系。

循环经济理论还特别强调了信息流在物质代谢过程中的重要作用。理论提出要建立完整的物质流动信息管理系统，通过信息化手段实现对物质流动的精准监控和高效管理。这包括建立资源流动监测系统、废弃物追踪系统、再生资源交易平台等，通过信息系统的支撑，提高物质循环的效率和精准度。在实践层面，循环经济理论提出了系统性的实施路径。理论强调要采用渐进式转型策略，通过近期、中期和远期目标的分步实施，逐步推进循环转型。在近期，重点是构建基础支撑体系，包括完善资源循环利用设施、建立废弃物处理系统、构建信息管理平台等。在中期，着力推动产业生态链构建，通过培育循环产业、发展环保产业、建设生态工业园区等措施，形成完整的产业生态网络。在远期，则致力于建立完善的循环经济体系，实现资源的高效循环利用和环境的持续改善。

2.2.3 低碳经济理论

低碳经济理论作为零碳海岛发展的核心理论基础，其理论渊源可追溯至环境经济学与气候变化经济学的研究传统。

第 2 章 零碳海岛的理论基础与研究现状

这一理论通过深入剖析经济增长与碳排放之间的内在关联，揭示了经济系统低碳转型的基本规律与作用机制。在理论发展过程中，通过整合技术创新理论、制度经济学等多学科研究成果，形成了涵盖低碳技术创新、碳市场机制、低碳产业政策等多个维度的完整理论体系。这种理论框架与零碳海岛追求的低碳发展目标高度契合，为海岛经济的低碳转型提供了系统性的理论指导和方法支撑[27-28]。

在能源经济层面，低碳经济理论强调能源系统的转型必须充分考虑本地资源条件和外部依赖程度。海岛能源系统普遍存在对外依赖度高、结构单一、供给不稳定等问题。在能源供给侧，通过发展海上风电、光伏发电、潮汐能等可再生能源，提高清洁能源比重；在能源消费侧，通过推广节能技术、优化用能结构、提高能效水平，降低化石能源消费。同时，要建立完善的能源市场机制，通过价格引导、财税激励等手段，促进能源结构的优化升级。

在产业发展层面，低碳经济理论关注产业体系的低碳重构，提出了基于碳排放强度的产业选择标准和转型路径。因此，海岛产业发展必须以低碳化为导向，通过产业结构调整和技术升级，降低经济发展的碳排放强度。在产业结构调整上，重点发展海洋新能源产业、海洋生物产业、低碳旅游业等绿色低碳产业，构建具有海岛特色的低碳产业体系；在产业技术创新上，通过推广低碳技术、发展节能环保装备、应用数字智能技术，提升产业低碳发展水平。

低碳经济理论还特别关注了低碳发展的政策支持体系建设，强调要构建完整的低碳发展政策框架，包括规划引导、标准规范、激励约束等多个方面。在规划引导方面，要制定海岛低碳发展规划,明确发展目标和路径;在标准规范方面,要建立低碳产品标准、低碳技术标准、碳排放核算标准等;在激励约束方面,要完善财税政策、金融政策、价格政策等,形成有效的政策激励机制[29]。

在社会参与层面,低碳经济理论强调公众参与在低碳转型中的重要作用,提出要培育低碳文化,提高公众低碳意识,推动形成低碳生活方式。这包括开展低碳教育、普及低碳知识、倡导低碳消费等多个方面。同时,强调要建立多元参与机制,通过搭建公众参与平台、完善信息公开制度、强化社会监督等方式,提高全社会参与低碳发展的积极性。

2.2.4 能源转型理论

能源转型理论为零碳海岛的能源革命提供了系统性的理论指导。这一理论植根于社会技术转型理论的研究传统,通过引入多层次视角分析框架,深入探讨了能源系统变革的动力机制与演化路径。在该理论发展过程中,通过整合创新系统理论、社会学理论等多学科研究成果,构建了涵盖技术创新、制度变革、社会转型等多个维度的完整理论框架。这种理论体系与零碳海岛追求的能源系统根本性变革目标高度契合[30-31]。

在技术层面,能源转型理论强调能源技术创新必须充分适应本地自然条件和用能特点。海岛能源技术发展面临着可再生能源技术适用性不强、能源储存技术不成熟、能源系统集成难度大等挑战,应重点突破分布式能源系统、智能微电网、多能互补等关键技术,提升能源系统的可靠性和灵活

第 2 章 零碳海岛的理论基础与研究现状

性。同时,还要加强能源储存技术创新,通过发展储能技术、智能调控技术、需求响应技术等,增强能源系统的稳定性和韧性。从海岛空间特征出发,针对海岛地理空间分散、用能需求波动的特点,通过发展智能微电网技术,构建多能互补系统,能够有效应对海岛能源供给的波动性,还能显著提升能源利用效率[32]。

在能源安全层面,能源转型理论构建了基于风险治理的多层保障框架。海岛能源系统易受自然灾害和外部冲击影响,需要建立立体化的安全保障体系。通过整合脆弱性评估和适应性管理方法,理论提出了包括供给安全、技术安全、设施安全和系统安全在内的完整保障体系。这包括建立能源应急储备制度、完善关键设施冗余设计、构建智能化监控系统等具体措施,有效提升了系统的防灾抗灾能力[33]。

2.2.5 韧性城市理论

韧性城市理论作为零碳海岛建设的创新性理论支撑,其理论渊源可追溯至生态学领域的生态韧性研究。这一理论通过城市规划学科的创造性引入与发展,逐步构建了一个涵盖适应性、恢复力和转型能力的完整理论体系。在理论发展过程中,通过整合复杂系统理论、社会生态系统理论、风险管理理论等多学科研究成果,形成了一个关注系统脆弱性评估与韧性提升的科学框架。这种理论框架与零碳海岛面临的气候变化风险和外部冲击挑战高度契合,为海岛系统的韧性建设提供了系统性的理论指导和方法支撑[34-35]。

韧性城市理论在零碳海岛建设中主要通过基础设施韧

性、产业系统韧性和社会治理韧性三个维度发挥支撑作用。这种多维度的理论支撑体系不仅阐明了海岛系统韧性建设的复杂性和系统性，更为提升海岛应对气候变化和外部冲击的能力提供了实践路径。海岛作为典型的脆弱生态系统，其发展必须遵循韧性城市理论所倡导的适应性管理模式，通过构建多层次韧性体系，增强系统应对风险的能力[36]。

在基础设施韧性维度，韧性城市理论为零碳海岛的基础设施建设提供了创新性指导。海岛基础设施发展面临着自然灾害频发、气候变化加剧、资源供给不稳定等挑战。理论要求推动基础设施的韧性提升，构建具有防灾减灾能力的基础设施体系。在能源基础设施方面，通过发展分布式能源系统、建设智能微电网、完善储能设施，提高能源供给的可靠性；在水资源设施方面，通过建设海绵型基础设施、完善水资源循环系统、发展应急供水设施，增强水资源保障能力；在交通设施方面，通过构建多模式交通网络、建设防灾通道、完善应急疏散系统，提升交通系统的适应能力。同时，理论强调要建立基础设施韧性的评估体系，通过定期评估和动态优化，确保基础设施的持续运行能力。

在产业系统韧性维度，韧性城市理论为零碳海岛的产业发展提供了系统性框架。海岛产业发展存在着结构单一、抗风险能力弱、产业链脆弱等问题。理论要求推动产业系统的韧性提升，构建具有适应性和恢复力的产业体系。在产业结构方面，通过发展多元化产业，培育新兴产业，增强产业抗风险能力；在产业链条方面，通过延伸产业链，完善配套体系，提升产业链的稳定性；在产业空间方面，通过优化产业布局，构建产业集群，增强产业的空间韧性。同时，理论也强调要建立产业韧性的支撑体系,包括技术创新平台、人才培养体系、风险防控机制等,为产业韧性提升提供全方位支持[37]。

在社会治理韧性维度,韧性城市理论为零碳海岛的治理创新提供了创新性思路。海岛社会治理面临着组织体系不完善、应急能力不足、协同机制欠缺等挑战。韧性城市理论要求推动社会治理的韧性提升,构建多层次协同治理体系。在组织体系方面,通过建立完善的治理架构,明确各主体职责,提高治理效能;在应急管理方面,通过完善应急预案、优化预警系统、强化应急响应,提升风险应对能力;在协同机制方面,通过建立多方协作平台、完善信息共享机制、强化社会参与,实现治理资源的优化配置。同时,理论强调要建立社会治理韧性的评价机制,通过科学评估和持续改进,提高治理体系的适应能力[38]。

2.3 零碳海岛研究现状

海岛实现零碳建设目标的路径涉及多个关键领域,专家学者主要从能源结构优化、交通低碳化、产业低碳化以及生态碳汇四个方面开展了路径研究。

在能源结构优化路径方面,能源结构优化被广泛认为是零碳岛建设的核心策略。大量研究表明,利用太阳能、风能等可再生能源取代化石燃料是实现零碳的有效途径（Han 等[39]，2023；Cruz 等[40]，2023；Shi 等[41]，2024）。此外，潮汐能发电和混合储能系统的优化进一步提升了能源配置效率，并通过高比例可再生能源电网的优化显著减少碳排放（Zhou 等[42]，2022；Wang 等[43]，2023）。例如，马约特岛和克里特岛通过整合多种可再生能源，大幅降低了对化石燃料的依赖，从而减少了碳排放（Flessa 等[44]，2023；Vourdoubas[45]，2021）。智能电网的实施也被证明是优化能源消费的重要工具，济州岛计划通过智能电网建设，到2030年实现100%可再生能源发电目标（Jung 等[46]，2018）。

在交通低碳化路径方面，交通领域的低碳化是实现零碳岛目标的重要组成部分，相关研究主要集中在绿色交通政策的制定和零排放交通工具的推广上。在太平洋岛国，低碳航运转型至关重要，由多个国家主导的太平洋蓝色航运伙伴关系计划，预计到2030年将碳排放量减少40%，到2050年实现零碳航运（Nuttall 等[47]，2021）。此外，零排放渡轮航线的推广为减少海洋运输部门的排放提供了重要机遇，电动渡轮和氢动力渡轮的选择应根据岛屿的规模和航线长度进行（Pferifer[48]，2020）。绿色氢能、绿色甲醇和绿色氨等可再生燃料的使用，以及电动汽车的发展，也是有效减少交通部门碳排放的重要策略。例如，海南岛通过推广零排放卡车，预计到2030年将减少360万吨二氧化碳排放量（Zhe 等[49]，2024）。对于具有地形和小规模特点的小岛屿发展中国家（SIDS），这些政策可以快速推进汽车和公共交通的电气化进程（Soomauroo 等[50]，2020）。

在产业低碳化路径方面，推动产业低碳化是实现零碳岛

第2章 零碳海岛的理论基础与研究现状

的另一个关键途径。绿色建筑的发展、低碳建材的应用以及废弃物循环利用系统的建立是实现产业低碳化的重要策略（Zhu 等[52]，2022；Liu 等[53]，2019）。通过推动产业链的低碳转型和提高能源利用效率，不仅可以减少碳排放，还能促进资源的可持续利用（Duan 等[54]，2023）。旅游业对岛屿的碳足迹影响显著，例如，在克里特岛，旅游相关活动，特别是国际航班，产生了大量碳排放（Vourdoubas[55]，2019）。因此，实施低碳旅游政策，包括使用绿色能源、低碳交通工具和绿色建筑，是零碳岛实现的重要策略（Lee 等[38]，2018；Hsiao[56]，2018）。以克里特岛为例，通过推广可持续旅游项目，如环保住宿和合理规划旅游路线，显著减少了旅游业的碳足迹（Spiller 等[57]，2022）。

在生态增汇路径方面，生态碳汇作为自然路径，在实现零碳岛目标中起着重要作用。研究表明，生物多样性与碳排放之间存在显著关系，更高的生物多样性能够增强生态系统的功能，从而减轻碳排放（Hamsaraev[58]，2023）。保护和恢复岛屿生态系统、增加植被覆盖，以及发展海洋碳汇（如海藻种植）是有效的碳减排措施（Song 等[59]，2023；Bedulli 等[60]，2020）。例如，加那利群岛的耶罗岛通过100%可再生能源生产和森林碳汇，成功展示了碳中和的可能性（Cruz-Pérez 等[61]，2024）。然而，尽管自然碳汇具有显著的碳封存潜力，但单靠自然碳汇并不足以实现碳中和，必须制定政策以增强碳汇功能，同时减少其他部门的碳排放。

2.4 零碳海岛的实践现状

2.4.1 能源结构优化实践

海岛能源结构的优化是实现零碳目标的关键支撑,面对能源供给不稳定、外部依赖度高、基础设施薄弱等挑战,需要构建以可再生能源为主体、多能互补、智能高效的现代能源体系[30-32]。

在能源生产端,重点是发展海岛特色的可再生能源系统。以舟山群岛为例,通过建设海上风电场群,年发电量已突破 10 亿千瓦时,不仅满足了本地用电需求,还实现了清洁电力外送[34][62]。

在能源储存环节,构建多层次储能体系是保障能源供给稳定性的关键。以大陈岛为例,建成了全国首个海岛"绿氢"综合能源示范工程,年消纳清洁电力 10 万度,产出绿氢 7.3 万立方米,并通过氢能梯级利用实现了能源的高效转化与综合利用。

在能源传输与调度方面,智能微电网建设是实现多能协同的重要平台。以开山岛为例,通过建设风光储一体化智能微电网,实现了可再生能源利用率 85% 以上,为海岛居民

第 2 章　零碳海岛的理论基础与研究现状

提供了稳定可靠的清洁能源供应。

在用能管理方面，建立全过程的能源消费管理体系是提升能源利用效率的重要保障。以南麂列岛为例，通过建设能源消费智能监测平台，实现了能源使用的精细化管理，综合能效提升 30% 以上[65][72]。

2.4.2　产业转型升级实践

海岛产业转型是实现零碳发展的核心动力，面对产业结构单一、资源利用效率低、环境承载力有限等挑战，需要构建绿色低碳、创新驱动、高质量发展的现代产业体系。

在产业布局优化方面，重点推进产业空间结构的系统性重塑。以象山港区域为例，通过实施"一湾两翼"产业布局规划，形成了清洁能源、海洋生物、文化旅游等产业协同发展的新格局[73-76]。

在产业链条构建方面，围绕海洋资源优势，延伸产业链条，提升价值链水平，着力打造具有海岛特色的低碳产业链。以大陈岛为例，构建了"风电——氢能——养殖"全生态产业链，实现了清洁能源生产、储存和多级利用的产业链协同[50-52]。

在产业技术创新方面，构建支撑产业转型的技术创新体系至关重要。以南麂列岛为例，通过建立海洋科技创新中心，推动了一批海洋生物技术成果落地转化，培育了新的产业增长点[64][70]。

在产业生态体系构建方面，打造循环共生的产业生态系统是提升资源利用效率的重要途径。以舟山群岛为例，通过建设"海洋产业生态园",实现了企业间副产品交换和废弃物循环利用,形成了良性的产业生态系统[71-74]。

2.4.3 生态系统保护与碳汇提升实践

海岛生态系统碳汇能力的提升是实现零碳目标的重要支撑,面对生态系统脆弱、碳汇能力不足、修复难度大等挑战,需要构建全方位的生态保护与碳汇提升体系。这种体系应当充分考虑海岛生态系统的特殊性,通过科学规划和系统治理,实现生态功能的持续优化和碳汇能力的稳步提升。

在海洋生态系统保护方面,重点强化海洋碳汇功能的系统性提升。针对不同类型的海洋生态系统,实施差异化的保护和修复策略。以长岛为例,通过人工增殖、基质改造等措施,提升珊瑚礁生态系统的碳汇功能。在海草床生态系统方面,开展海草床资源调查与监测,实施海草床生态修复工程。通过优化生境条件,扩大海草床面积,增强海洋碳汇能力[75-77]。

在陆地生态系统建设方面,着力构建多层次的陆地碳汇体系。基于海岛地形地貌和气候特征,优化植被配置,提升生态系统碳固存能力。以长岛为例,在森林生态系统方面,实施海岛森林质量提升工程,通过优化林分结构、提高植被覆盖度、增加生物量,提升森林碳汇能力。以横琴岛为例,在湿地生态系统方面,开展退化湿地修复工程,通过水文条件改善、植被恢复、生物多样性保护等措施,增强湿地碳汇功能。以横沙岛为例,在农业生态系统方面,推广生态农业模式,通过土壤改良、农艺措施优化、有机质提升等手段,

第 2 章 零碳海岛的理论基础与研究现状

增强农田生态系统的碳汇能力[78-80]。

在生态系统监测方面,建立健全生态碳汇监测评估体系是提升管理效能的关键。以舟山群岛为例,通过建立"天空地"一体化监测网络,实现了对海岛生态系统碳汇能力的动态监测和精准评估[81-82]。

在治理机制创新方面,构建多元共治的生态保护新模式是实现长效管理的重要保障。以南麂列岛为例,通过建立"政府+企业+社会"三位一体的生态保护机制,实现了生态系统的良性保护和持续改善[83]。

2.4.4 低碳生活方式推广实践

海岛居民生活方式的低碳转型是实现零碳目标的重要组成部分,面对生活习惯固化、基础设施不完善、参与意识不强等挑战,需要构建全方位的低碳生活推广体系。这种体系应充分考虑海岛生活特点,通过技术创新、制度完善和文化培育,推动形成可持续的低碳生活模式[84]。

在居住领域的低碳转型方面,重点推进建筑能效提升和用能行为优化。针对海岛建筑能耗高、用能效率低的问题,实施建筑节能改造工程。以东屿岛为例,在建筑设计方面,推广被动式建筑技术,充分利用自然通风、采光等条件,降低建筑能耗。在设备系统方面,推广高效节能设备,采用智能化控制系统,实现能源使用的精细化管理。以开山岛为例,通过实施建筑节能改造和智能化升级,居民生活用能效率提升 30% 以上[85-88]。

在餐饮领域的低碳实践方面,着力推广低碳餐饮理念和本地化消费模式。基于海岛资源特点，倡导"低碳、健康、适度"的餐饮文化。以南麂列岛为例，通过发展"渔家乐"特色餐饮，推广本地特色食材，形成了具有地方特色的低碳餐饮文化。

在出行领域的低碳转型方面，构建以绿色交通为主导的出行体系。针对海岛交通特点，推进交通方式的清洁化转型。以湄洲岛为例，在公共交通方面，推广新能源公交车、电动观光车等清洁能源车辆，提供便捷的公共交通服务。在私人交通方面，鼓励使用电动自行车、电动汽车等低碳交通工具，建设配套充电设施。在水上交通方面，推进渔船、客轮的清洁化能源改造，发展低碳水运体系。同时，通过智能交通系统的应用，优化交通组织，提高运输效率[89]。

在社会参与机制建设方面，建立多元化的低碳生活推广平台至关重要。通过构建政府引导、市场驱动、社会参与的协同推广机制，提高居民参与低碳生活的积极性。以灵山岛为例，在政策激励方面，建立低碳积分制度，对低碳行为进行奖励。在市场培育方面，发展低碳产品和服务市场，为居民低碳生活提供支持。在社会动员方面，组织低碳主题活动，培育低碳社区文化，形成全民参与的良好氛围。

2.4.5　韧性基础设施建设实践

海岛基础设施的韧性建设是实现零碳目标的重要保障，面对自然灾害频发、气候变化加剧、基础设施脆弱等挑战，需要构建具有适应性和恢复力的现代化基础设施体系。这种体系应当充分考虑海岛环境特点，通过工程技术创新和智能化管理，提升基础设施的综合服务能力[38]。

在能源基础设施韧性建设方面，重点构建多元互补、智能协同的能源网络体系。针对海岛能源供给不稳定的问题，建设以智能电网为核心、多种能源协同的综合能源系统。以舟山群岛为例，通过建设"源网荷储"一体化的智能能源系统，显著提升了能源供给的可靠性和韧性[23-24]。

在水资源基础设施建设方面，着力打造全过程的水资源循环利用体系。基于海岛水资源短缺的特点，构建雨水收集、海水淡化、污水处理、中水回用的完整水循环系统。以大陈岛为例，通过建设"四水统筹"的水资源管理系统，实现了水资源的高效利用和循环利用。

2.5 零碳海岛建设政策

2.5.1 国际零碳海岛相关政策分析

国际零碳海岛建设政策（见表2-1）以2050年碳中和为目标框架，通过碳定价、可再生能源开发及区域协同机制推动低碳转型，发达国家聚焦技术输出与能源枢纽建设，小岛屿发展中国家依托国际资金与生态补偿实现气候韧性发展。

表 2–1　　　　　　　　　国际零碳海岛相关政策

国家（或组织、区域）	日期	政策	主要内容
斐济	2019 年	《国家气候变化政策》《气候搬迁指南》	建立社区搬迁信托基金，成为首个系统规划气候移民的国家
牙买加	2021 年	《牙买加从山丘到海洋项目》	该项目由牙买加政府与欧盟共同资助，旨在通过综合可持续的景观管理方法，提高生态系统韧性并减少贫困。具体措施包括安装智能浮标、完成分水岭分类工具、建设特雷洛尼地区的池塘集水系统，以及对海草床和受保护区域的水文研究
圣卢西亚	2015 年	《圣卢西亚气候变化适应政策》	为国家应对气候变化提供了指导框架，涵盖减缓和适应行动，并强调将气候变化纳入国家发展规划
巴林王国	2023 年	"蓝图巴林"国家行动计划	通过气候变化适应、低碳经济和创造绿色经济机会三个方面实现碳中和
欧盟	2019 年	《绿色协议》	要求成员国 2050 年实现碳中和，资助离岛可再生能源项目
太平洋岛国论坛	2022 年	《蓝色太平洋 2050 战略》	要求斐济、萨摩亚等岛国 2030 年前淘汰化石能源，2050 年实现碳中和，建立"蓝色碳汇"机制
联合国	2014 年	《小岛屿发展中国家加速行动模式》	推动小岛国能源、交通系统脱碳，2020 年后通过技术转移支持海岛零碳转型

第 2 章 零碳海岛的理论基础与研究现状

续表

国家（或组织、区域）	日期	政策	主要内容
丹麦	2021 年	《能源岛计划》	规划博恩霍尔姆岛（2027 年投运）和北海人工岛（2033 年投运）为海上风电枢纽，供应周边国家绿电
日本	2020 年	《绿色增长战略》	指定五岛市等为"零碳示范区"，2025 年前完成浮体式海上风电＋储能试点
美国夏威夷州	2015 年	《2045 碳中和法案》	要求 2023 年地热能占比提升至 25%，2045 年前实现 100% 可再生能源供电
马尔代夫	2023 年	《绿色税法案》	向旅游业征收 6 美元/晚"绿色税"，用于海岛光伏和珊瑚礁修复
韩国济州岛	2022 年	《零碳特区计划》	2025 年前建成潮汐能电站（10MW）和氢能船舶加注网络
新西兰查塔姆群岛	2021 年	《零碳保护区法》	划定 30% 土地为可再生能源专用区，禁止新建化石燃料设施

2.5.2 国内零碳海岛相关政策分析

国家以海洋强国战略和"双碳"目标为牵引，支持海岛通过清洁能源、生态修复、国际合作实现低碳转型。国家通过战略文件明确方向，地方依托试点探索差异化路径（如山东省长岛聚焦全域零碳、浙江省大陈岛发展绿氢技术）。各省份结合资源禀赋，探索差异化产业发展路径（如浙江省聚焦绿氢与风电，福建省侧重智慧能源与生态旅游）。柔性低频输电、绿氢储能等核心技术研发，推动海岛能源系统革新。通过联合国气候大会等平台，将中国零碳海岛模式推广至全球，助力"一带一路"绿色合作。详情见表 2-2。

表 2-2　　　　　　　　　国内零碳海岛相关政策

省份（国家）	日期	政策	主要内容
国家	2021 年	"海岛保护与开发综合试验"	支持探索海岛生态保护与低碳开发协同模式，推动海岛经济绿色转型。鼓励地方通过清洁能源替代、生态修复、国际合作等路径实现零碳目标
国家	2024 年	《"十四五"海洋经济发展规划》	明确要求沿海地区探索近零碳示范区建设，强化海岛可再生能源利用和生态保护
国家	2024 年	国际零碳岛屿合作倡议	提出加强技术共享、资金支持与低碳发展合作
浙江省	2021 年	《浙江省海岛大花园建设行动计划》	打造舟山群岛、南麂列岛等"零碳海岛"示范区，推广"风电+光伏+储能"模式。到 2025 年，海岛可再生能源覆盖率超过 60%，禁止新建燃煤设施
福建省	2021 年	《福建省海岛保护与利用规划（2021—2025 年）》	平潭岛、东山岛等开展零碳旅游岛建设，推广光伏建筑一体化（BIPV）。对海岛新建项目强制要求配套可再生能源设施
广东省	2021 年	《广东省海洋经济发展"十四五"规划》	建设"零碳渔业岛"，试点海上风电与养殖结合。设立海岛生态补偿基金，对低碳改造项目给予补贴
海南省	2022 年	《海南省清洁能源岛建设规划》	将西岛（三亚）、分界洲岛等旅游岛纳入零碳试点，禁止燃油车入岛。推广"光伏+海水淡化"技术，解决海岛淡水供应问题
山东省	2022 年	《山东省绿色低碳转型行动计划》	长岛群岛建设"零碳生态岛"，重点发展海上风电和潮汐能。限制海岛传统燃油渔船，补贴电动渔船更新

第3章
国内外典型海岛零碳建设案例分析

在全球气候变化与"双碳"目标背景下，海岛作为独特的生态系统与地理单元，其零碳建设既是应对气候危机的关键举措，也是探索区域可持续发展路径的重要实践。本章重点梳理总结了国内外典型海岛在零碳建设方面的典型做法和发展模式，对比分析了不同地理位置、不同资源禀赋、不同产业结构及不同政策导向的海岛间零碳化模式差异，为后续章节的模式设计提供重要参照。

第 3 章　国内外典型海岛零碳建设案例分析

3.1 国内海岛零碳建设案例

产业结构、能源结构、技术进步、生态碳汇和经济规模是碳排放的主要影响因素。各海岛根据自身地理环境、资源禀赋、经济发展水平和产业结构现状和特征，因地制宜，均设计了海岛零碳化建设路径。在深度调研总结后发现，可将各海岛零碳化方案概括为"1+N"零碳模式，其中，"1"是指主导型降碳路径；"N"是指N个辅助减碳场景。通过全面汇总调研案例的减碳场景，我们认为海岛减碳场景主要包括低碳交通场景、绿色建筑场景、居民低碳生活场景、生态碳汇场景、新能源开发利用场景、水资源循环利用场景、垃圾资源化场景、产业低碳化场景、园林景观生态化场景、新型电力系统场景和"双碳"智慧化场景等11个场景，所有海岛零碳化模式均采用了其中的部分场景甚至全部场景。

3.1.1 横沙岛：产业结构调整主导型"1+4"零碳模式

（1）基本情况简介。

崇明区辖崇明、长兴、横沙三岛，着力构建特色鲜明、优势互补、集约高效的"2+3+n"现代化生态产业体系

(其中,"2"指绿色农业和海洋装备产业;"3"指高品质旅游、特色体育和健康服务业;"n"指若干新兴产业和创新业态),其中,崇明岛主要发展旅游、特色体育、康养及新型产业,着力构建碳中和岛;长兴岛主要侧重海洋装备产业,着力打造低碳岛;横沙岛主要发展绿色农业,目标是全面建成零碳岛。

(2)零碳建设进展。

横沙岛的"1"个主导型降碳路径是产业结构调整,即重点发展生态农业,这控制了横沙岛的碳排放规模;"4"个辅助型减碳场景,即主要通过打造"双碳"智慧化场景、新能源开发利用场景、低碳交通场景和垃圾资源化场景实现零碳建设目标。综上所述,横沙岛零碳模式可概括为产业结构调整主导型的"1+4"零碳模式,如图3-1所示。

图3-1 横沙岛零碳模式概念图

在"双碳"智慧化场景打造方面,通过与武汉大学共建长江口碳中和实验室,搭建零碳岛大数据智能分析平台,通过全岛布设通量观测设备、覆盖横沙整个陆地生态系统,配备实验室,通过数据、模型、算法支撑,打造"天空地"

一体化全岛域碳中和评估模式,量化横沙碳中和评估。提出了"采集——传输——解译——模拟——决策"数字一体化和全过程智能化的设计思路,建成零碳岛大数据智能分析平台。

在新能源开发利用场景方面,一是与申能集团合作,建成一个渔光互补项目,装机容量3500千瓦。二是推进公共机构光伏发电设施安装,居民家庭光伏绿电替代,实现居民生活用电十分之一的绿电替代。

在低碳交通场景打造方面,一是横沙岛已实现电动公交全覆盖;二是新生态号纯电动摆渡船已投入使用,成为主力船舶之一。

在垃圾资源化场景打造方面,一是横沙岛推行垃圾分类,全岛垃圾分类已形成长效机制,村民垃圾分类自觉规范,部分村居已实现湿垃圾就地处理转化为肥;二是结合横沙森林覆盖率高的特点,横沙推行农林垃圾能源化利用,通过秸秆树枝粉碎变成燃烧棒发电的方式,每年可消化4000余吨农林垃圾。

3.1.2 大陈岛:能源替代主导型"1+6"零碳模式

(1)基本情况简介。

大陈岛位于浙江省中部台州湾东南洋面,是海陆空三军联合首战之地、垦荒精神发源之地和海峡两岸情系之地,立足自身优势,秉持绿色理念,聚焦生产、生活、生态碳源碳汇,系统谋划"零碳岛"体系建设,积极探索实施渔旅产业融合发展，建设集产业、观光、休闲、娱乐于一体的美丽渔村。已先后获评国家生态镇、国家级和美海岛、全省首批低零碳示范乡镇，入选省海洋蓝碳交易试点。大陈岛拥有丰富的风能资源，其通过能源替代和多场景绿色低碳模式打造等手段已经实现"零碳"建设目标。

（2）零碳岛建设进展。

大陈岛的"1"个主导型降碳路径是能源替代，即利用风电实现对化石能源替代；"6"个辅助型减碳场景，主要通过打造新能源开发利用场景、低碳交通场景、垃圾资源化场景、产业低碳化场景、生态碳汇场景和"双碳"智慧化场景实现零碳建设目标。综上所述，大陈岛零碳模式可概括为能源替代主导型的"1+6"零碳模式，如图3-2所示。

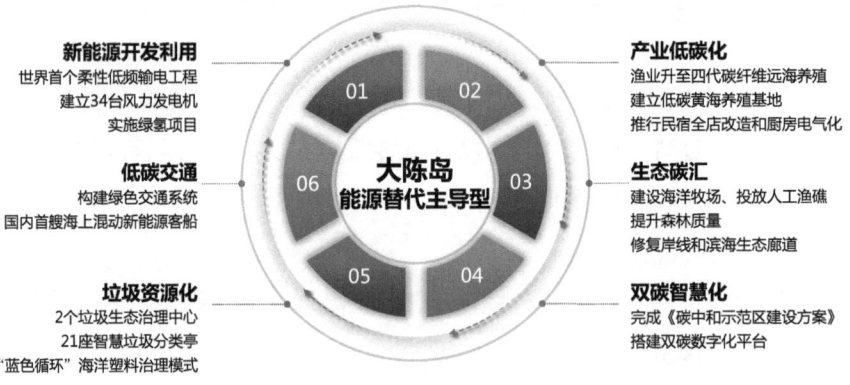

图3-2 大陈岛零碳模式概念图

在新能源开发利用场景打造方面，一是发电端，打造以风电为主的生产模式。依托大陈岛丰富的风力资源（岛上年均风速可达6.8米/秒，有效风能时数超7600小时），建设34台750型风力发电机，每年富余5000多万度电反哺陆地，实现 90% 以上电力外送，年减排二氧化碳 4.5 万吨。二是储能端，打造以"绿氢"为主的转化方式。投运全国首个海岛"绿氢"综合能源示范工程，使用全国产化 PEM 制氢技术，将富余风力通过电解水制氢，用于负荷高峰时发电，每年可消纳 10 万度清洁电力，产出绿氢 7.3 万立方米，实现清洁电力到清洁气体能源转化及供应的全过程零碳，制氢产生的氧气还可用于黄鱼养殖，全面提升制氢副产品价值，该项目获得时任外交部发言人赵立坚在推特上向世界点赞推介。三是传输端，打造低频高效的输电网络。建成投运世界首个柔性低频输电示范工程，采用国际首创的柔性低频互联技术及风机低频接入技术，铺设全国首条 35 千伏低频海底电缆，提高海上风电输送容量 30%。

在低碳交通场景打造方面，一是构建岛内绿色交通体系，全面淘汰传统燃油设备，投运 17 辆新能源客车。二是正在打造国内首艘海上混动新能源客船，逐步推动海陆交通全电化。

在垃圾资源化场景打造方面，一是生活垃圾资源化。建成 2 个垃圾生态治理中心，21 座智慧垃圾分类亭，实现全岛生活垃圾资源化。二是海洋垃圾资源化。率先打造政企联动的"海洋云仓"智慧治污模式，构建"海洋垃圾收集——陆地再生利用——海塑认证反哺"循环治理体系，以大陈为起点的"蓝色循环"海洋塑料污染治理模式，获评联合国最高环保荣誉"地球卫士奖"。

在产业低碳化场景打造方面，一是大陈岛渔业养殖升级到第四代碳纤维远海养殖，推动建设了一批低碳黄鱼养殖基地，在水产增氧、水循环、黄鱼加工、冷藏、运输等环节开展"一站式"电能替代改造；二是旅游业大力实施民宿全电改造，推动厨房电气化。

在生态碳汇场景打造方面，一是提升海洋碳汇。全力建设海洋牧场，大范围开展增殖放流，撒播鱼苗、蟹苗、海带苗、贝种，在大陈海域共投放人工鱼礁 426 座，提升养殖水体规模超 10.5 万立方米，有效修复海洋生态资源，成功上榜国家级海洋牧场示范区。二是提高森林碳汇。实施森林质量精准提升工程，开展侵蚀岸线防护加固、彩色林培育、千亩碳汇示范林建设等工程，建成人工沙滩 3 座，修复砂质岸线 1 千米、滨海生态廊道 4 千米，恢复植被 96 公顷，森林覆盖率超 60%，入选浙江省第一批林业碳汇先行基地创建单位。

在"双碳"智慧化场景打造方面，聘请院士团队全程参与碳中和示范岛建设，该团队由吴丰昌院士领衔，联合清华大学、中国科学院等国内权威机构，在碳汇核算交易、碳排放预测、低碳产业发展等环节提供技术支撑和全过程服务，完成《碳中和示范区建设方案》编制，并以此为基础，搭建"双碳"大陈数字化平台，实现海岛碳源碳汇全时域、全空间感知。

3.1.3 湄洲岛：小场景大模型零碳示范模式

（1）基本情况简介。

福建省莆田市秀屿区湄洲镇辖岛，位于福建省莆田市中心东南 42 千米，距大陆仅 1.82 海里，是莆田市第二大岛。2023 年，湄洲岛编制《湄洲岛"零碳示范区"总体设计和

第3章　国内外典型海岛零碳建设案例分析

建设方案》，从建筑绿色化、园林景观生态低碳化、可再生能源利用、固废资源化处理、水资源循环利用、交通绿色化、运营智慧化、新型电力系统八方面出发探索零碳示范区建设。湄洲岛率先完成全国首个国家 5A 级旅游景区"双碳"规划，入选全国首个海岛全域森林碳汇计量与潜力评估案例，计划于 2025 年左右在全国范围内率先建成"零碳岛"。

（2）零碳岛建设进展。

湄洲岛作为 5A 级景区，在《莆田市湄洲岛保护管理条例》的管控下，传统光伏板不适宜广泛安装，而彩色光伏目前发电率低，造价高昂，整体效益无法满足需求，同时湄洲岛不允许部署风力发电机，严重制约了湄洲岛的能源低碳化水平。因此，湄洲岛目前并未有主导型降碳路径，目前正在探索小场景大模型零碳示范模式。湄洲岛已有"8"个减碳场景，即主要通过低碳建筑场景、新能源开发利用场景、新型电力系统场景、水资源循环利用场景、垃圾资源化场景、生态碳汇场景、低碳交通场景和"双碳"智慧化场景打造实现零碳建设目标。综上所述，湄洲岛零碳模式可概括为小场景大模型零碳模式，如图 3-3 所示。

在低碳建筑场景打造方面，一是对妈祖文化论坛进行零碳技术改造，如建立逐日光伏百叶系统等。二是对民宿厨房全电化改造。据统计，湄洲岛现有民宿 323 家，其中使用空气能热水器的有 174 家；323 家民宿、6 家酒店和 21 家机构单位已完成全电厨房改造。

在新能源开发利用场景打造方面，一是积极开发新能源，引入花朵风机、增设光能地砖发电系统、改造 LED 光电玻璃栏杆、改造智慧发电灯杆等，发挥了小场景大模型示

低碳建筑场景

1. 妈祖论坛进行零碳技术改造，如建立逐日光伏百叶系统等
2. 民宿厨房全电化改造

新能源开发利用场景

1. 积极开发新能源
2. 引进风、光等新能源技术及柔性直流电网技术
3. 建成福建首个彩色光伏建筑

新型电力系统场景

1. 建设"中水处理站微电网"，打造"风光储充用"一体化的清洁能源供给系统
2. 打造多端互联低压柔性微电网

水资源循环利用场景

1. 湄洲岛11个行政村污水收集管网全覆盖，实现全岛污水"全收集、全处理"
2. 打造起"中水回用工程"

垃圾资源化场景

湄洲岛率先探索深化垃圾分类新模式，2023年被列入农村生活垃圾分类试点县，全链条提升全岛的生活垃圾分类、减量、资源化成效明显

生态碳汇场景

1. 湄洲岛持续深化生态文明建设，大力实施"碧水、蓝天、净土、碧海"四大工程
2. 通过红树林生态修复培育管护湿地和增加碳汇

低碳交通场景

1. 逐步淘汰岛内的燃油车，推行新能源车
2. 投放共享电动车、公共自行车和电动观光车
3. 全岛公交站台全部完成光伏化改造

"双碳"智慧化场景

打造海岛级"双碳"数字孪生平台，以数字孪生的形式全方面监测湄洲岛"零碳岛"建设情况

湄洲岛 小场景大模型

图 3-3 湄洲岛小场景大模型零碳模式概念图

第3章　国内外典型海岛零碳建设案例分析

范宣传作用，装机容量约 2100 千瓦，年发电量预计达 273 万千瓦时；二是引进风、光等新能源技术及柔性直流电网技术；三是建成福建省首个彩色光伏建筑——湄洲岛宫下码头彩色光伏风雨廊。

在新型电力系统场景打造方面，一是建设了"中水处理站微电网"，打造了"风光储充用"一体化的清洁能源供给系统；二是打造多端互联低压柔性微电网，建立直流环网，把光伏、储能和直流负荷在直流侧连接，实现台区间功率互济、负载自主均衡、潮流自适应分配、三相不平衡自主调节等功能。

在水资源循环利用场景打造方面，一是湄洲岛 11 个行政村污水收集管网全覆盖，实现全岛污水"全收集、全处理"。二是打造起"中水回用工程"，扩容提标污水处理厂，建设中水回用池，实现一水多用。

在垃圾资源化场景打造方面，湄洲岛与垃圾化敌为友，率先探索垃圾分类新模式，2023 年被福建省住房和城乡建设厅列入农村生活垃圾分类试点县，全链条提升全岛的生活垃圾分类。全岛减量化比例和可回收利用率均提高到 40%，减量、资源化成效明显。

在生态碳汇场景打造方面，一是湄洲岛持续深化生态文明建设，大力实施"碧水、蓝天、净土、碧海"四大工程，统筹推进山水林田湖草沙礁综合保护；二是通过红树林生态修复抚育保护湿地和增加碳汇。

在低碳交通场景打造方面，一是湄洲岛通过政策引导宣传鼓励等方式，逐步淘汰岛内的燃油车，推行新能源车，进一步减少化石能源的使用。二是投放共享电动车、公共自行车和电动观光车，全岛公共交通100%实现新能源化。三是全岛公交站台全部完成光伏化改造，倡导绿色低碳出行。

在"双碳"智慧化场景打造方面，湄洲岛正在打造海岛级"双碳"数字孪生平台。平台能够通过感知气象、人流量、时间节律、商业分布等外部环境信息，预测不同场景下新能源的发电和负荷的分布情况，指挥调度分布式储能和柔性负荷，让新电源的应用在数字状态下得以模拟与投射。同时，"双碳"数字孪生平台还可对全岛碳排放情况进行监测，重点围绕建筑绿色化、生态低碳化、能源清洁化、交通绿色化、固废资源化、文旅低碳化、水资源循环、新型电力系统八个方面，以数字孪生的形式全方面投射湄洲岛"零碳岛"建设情况。

3.1.4 横琴岛：产业结构调整主导型"1+4"零碳模式

（1）基本情况简介。

横琴岛隶属于横琴粤澳深度合作区，毗邻澳门，总面积约106.46平方千米，常住人口4.5万人。2021年9月5日，中共中央、国务院印发了《横琴粤澳深度合作区建设总体方案》，9月17日上午，横琴粤澳深度合作区管理机构正式揭牌，旨在打造促进澳门经济适度多元发展的新平台、便利澳门居民生活就业的新空间、丰富"一国两制"实践的新示范、推动粤港澳大湾区建设的新高地。横琴岛是国内第一个提出碳中和目标的岛屿，目前主要在公共设施低碳化和居民低碳生活方面开展零碳建设相关工作。

第 3 章　国内外典型海岛零碳建设案例分析

（2）零碳岛建设进展。

横琴岛主要作用是促进澳门经济适度多元发展，因此其未来经济规模增速加快，碳排放规模会有大幅提升。横琴岛在此前提下，核心减碳路径为产业结构调整，即"1"个主导型降碳路径是产业结构调整，达到控制碳排放规模的目的；"4"个辅助型减碳场景，主要通过低碳交通场景、绿色建筑场景、垃圾资源化场景、居民低碳生活场景打造实现零碳建设目标。综上所述，横琴岛零碳模式可概括为产业结构调整主导型的"1+4"零碳模式，如图 3-4 所示。

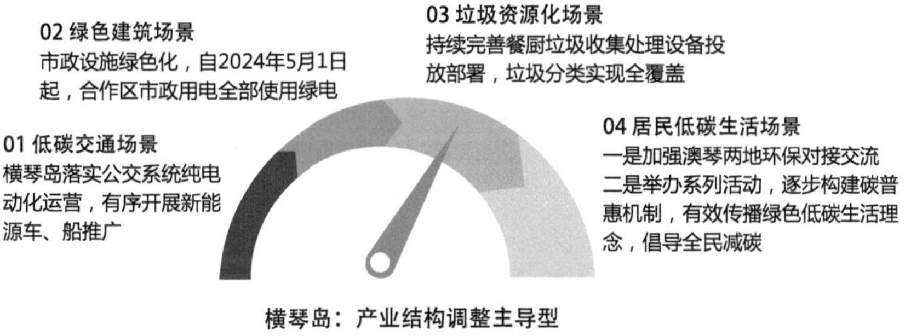

02 绿色建筑场景
市政设施绿色化，自2024年5月1日起，合作区市政用电全部使用绿电

03 垃圾资源化场景
持续完善餐厨垃圾收集处理设备投放部署，垃圾分类实现全覆盖

01 低碳交通场景
横琴岛落实公交系统纯电动化运营，有序开展新能源车、船推广

04 居民低碳生活场景
一是加强澳琴两地环保对接交流
二是举办系列活动，逐步构建碳普惠机制，有效传播绿色低碳生活理念，倡导全民减碳

横琴岛：产业结构调整主导型

图 3-4　横琴岛零碳模式概念图

在低碳交通场景打造方面，通过落实公交系统 100% 纯电动化运营、有序开展新能源车船推广，在近一半的公共停车场共建设 150 个充电泊位、发展开放 4 条自动驾驶载人示范应用接驳线路和 1 条自动驾驶环卫车示范应用区域等，逐步完善绿色智能交通体系。

在绿色建筑场景打造方面，2024 年 5 月 1 日起，合作区市政用电全部使用绿电，持续强化市政设施绿色低碳水平。

在垃圾资源化场景打造方面，持续完善餐厨垃圾收集处理设备投放部署，垃圾分类实现全覆盖，垃圾分类开展率和无害化处理率均达到100%。

在居民低碳生活场景打造方面，一是加强澳琴两地环保对接交流，积极营造全民绿色低碳氛围。积极参与2023和2024MIECF（实现"碳中和"的专业展会）澳琴政府环保对接会，通过举办系列高规格专题会议、绿色论坛、项目推介会及绿色配对等多项交流活动，积极配合国家"双碳"目标，为生态文明建设提供绿色动能。二是举办"粤港澳大湾区绿色发展高端论坛暨琴澳双碳大讲堂"、地球一小时、世界地球日等系列活动，并逐步构建多点覆盖的碳普惠机制，有效传播绿色低碳生活理念，倡导全民减碳。

3.1.5 东屿岛：零碳建筑主导型"1+8"零碳模式

（1）基本情况简介。

东屿岛按照"区域近零碳、资源循环、环境自然、智慧运营"的思路，形成了建筑绿色化改造、可再生能源利用、固废资源化处理、水资源循环利用、交通绿色化改造、园林景观生态化改造、运营智慧化建设、新型电力系统8大类18个项目的项目架构。目前创建方案的建设内容已于2023年8月底完成，基本实现了一个"近零"（全岛运行阶段近零碳）、两个"降低"（建筑本体能耗下降、交通能耗下降）、六个"100%"（低碳建筑比例100%，建筑用能电气化率100%，可再生能源替代率100%，有机废弃物资源化利用率100%，污水再生利用率100%，区域能耗和碳排放

第3章 国内外典型海岛零碳建设案例分析

监测、服务覆盖率100%）的建设目标，为全国推广形成可复制、可推广的典型案例。

（2）零碳岛建设进展。

东屿岛的"1"个主导型降碳路径是建筑改造，即围绕零碳建筑改造打造8个减碳场景，主要包括低碳建筑场景、新能源开发利用场景、垃圾资源化场景、水资源循环利用场景、低碳交通场景、园林景观生态化场景、"双碳"智慧化场景和新型电力系统场景等。综上所述，东屿岛零碳模式可概括为零碳建筑主导型的"1+8"零碳模式，如图3-5所示。

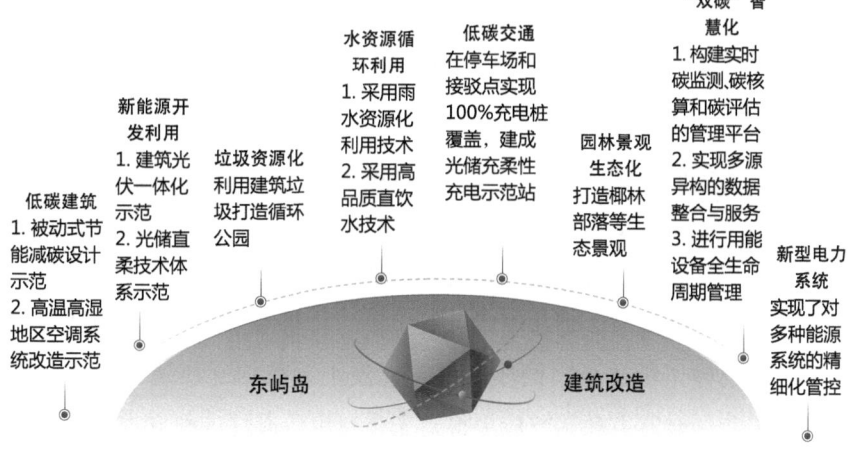

图3-5 东屿岛零碳模式概念图

在低碳建筑场景打造方面，一是被动式节能减碳设计示范。采用被动式设计理念，通过梳理用能空间边界，实现用能空间与非用能空间转换，实现用能强度、总量双控。如在酒店大堂及会议中心前厅幕墙处顶部及底部增设开启扇，组织自然通风,通过拔风导风等方式,降低人工能源使用量。二是高温高湿地区空调系统改造示范。针对示范区高温高湿的气候特点,在东屿岛大酒店设计中采用的温湿度独立控制空调系统,将室内湿度、温度分开调节,同步实现除湿降温。温湿度独立控制空调系统中,湿度控制由房间新风系统承担,排除室内余湿,温度控制系统由房间干式风机盘管承担,排除室内显热负荷。同时实现了空调和门窗联动设计。

在新能源开发利用场景打造方面,一是多种形式的建筑光伏一体化示范,岛内改造建筑均采用高比例建筑光伏应用。在不同建筑围护结构外表面使用单晶硅电池、光伏玻璃等多种光伏产品,采取屋面铺设、立面铺设、地面铺设等多种安装形式。在新闻中心建筑东立面高比例安装光伏遮阳板,在充分利用上午太阳能辐照进行发电的同时,实现有效遮阳,减少建筑内太阳辐射和日光眩光,进一步降低了室内负荷和空调能耗,提升室内环境品质。二是采用光储直柔技术体系示范。新闻中心的改造采用了一整套光储直柔技术体系。项目借鉴园区直流互联模式,以现状交流低压双母线为基础采用2套能源路由器互联,构建先进直流互济模式,这种"手拉手"的模式使得直流小系统相互协调,让各自的储能能力和调节能力得到充分利用,通过这种方式可以提高系统供电能力约30%,能够灵活平衡2台变压器负载率差达到20%—40%,全面提高配电网灵活性和可靠性水平。

在垃圾资源化场景打造方面,利用建筑垃圾打造循环公园,实现垃圾资源化利用。在水资源循环利用场景打造方面,一是采用雨水资源化利用技术,净化池具有"低能耗、减碳排、自净化、长保鲜"功能,在降碳方面具有明显优

第3章 国内外典型海岛零碳建设案例分析

势。二是采用高品质直饮水技术,通过改造,东屿岛每年供水减排 32 吨 CO_2。

在低碳交通场景打造方面,东屿岛在停车场和接驳点实现 100% 充电桩覆盖,建成光储充柔性充电示范站,最快能让车辆 10 分钟充满电。

在园林景观生态化场景打造方面,打造椰林部落等生态景观,实现了生态与建筑的有机融合。

在"双碳"智慧化场景打造方面,一是构建了实时碳监测、碳核算和碳评估的管理平台。对全岛碳排、替碳、碳汇数据进行统计、分析、查询、反馈,通过碳数据的监测和评估指导并落实零碳目标。二是实现了多源异构的数据整合与服务。零碳运行管理中心与交通管理系统、光伏发电系统、直饮水系统、有机废弃物处理系统、建筑能源管理系统、监控系统、酒店运管管理系统、会议运营管理系统建立了数据接口,实现全岛运行的动态监测与管理。三是在用能管理方面运用科学有效的方法进行设备全生命周期管理。对冷热源系统运行模式进行高精度建模,动态还原管路真实走向,同时为后期运行仿真奠定基础,能够计算最优制冷量和供热量,提供最优运行策略,实现节能减排。

在新型电力系统场景打造方面,实现了对多种能源系统的精细化管控。考虑到示范区能源的多样性利用,人工操作无法实现对多种能源系统的精细化管控,为实现近零碳示范区的能源系统精细化管理,通过建立基于人工智能学习算法的能源管理系统应用示范,实现建筑光伏一体化、交直流微网架构、场景化节能设计、先进储能系统、园区碳汇碳排监测等系统的智慧能源管理。

3.1.6 灵山岛：生态碳汇主导型"1+7"零碳模式

（1）基本情况简介。

灵山岛省级自然保护区属"海洋和海岸生态系统类型"的自然保护区，主要保护对象为海岛生态系统，包括海域及海洋生物资源、林木资源、鸟类资源和地质地貌资源。保护区扎实开展生态环境修复、基础设施升级、民生服务保障等工作，先后荣获全国森林康养基地建设试点单位、全国林草科普基地、全国首批地质文化村镇、山东省康养旅游示范基地、山东省旅游民宿集聚区、山东省生态旅游区培育单位等称号。2021年12月31日，经中国质量认证中心（CQC）认证，灵山岛年负碳1333吨二氧化碳当量，成为全国首个"负碳海岛"。立足生态优势，保护区勇于先行先试，成为青岛市唯一的生态产品价值实现机制省级试点。

（2）零碳岛建设进展。

灵山岛业态简单，碳排放规模小，森林覆盖率高，因此形成了以碳汇为主的零碳建设模式。目前共形成了"7"个减碳场景。

综上所述，灵山岛零碳模式可概括为生态碳汇主导型的"1+7"零碳模式，如图3-6所示。在低碳交通场景打造方面，一是制定灵山岛车辆管理办法，严格控制燃油车数量，实施燃油车"零进岛"；二是开展新能源车替代燃油车试点，已推广新能源车辆11台；三是安装太阳能路灯209盏，实现太阳能路灯照明全岛全覆盖。

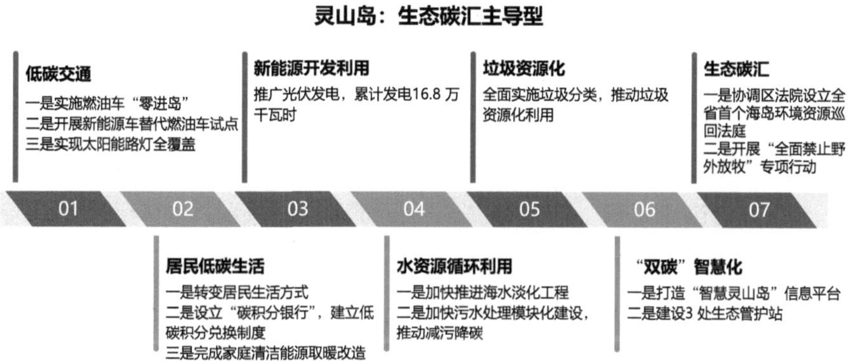

第3章 国内外典型海岛零碳建设案例分析

图 3-6 灵山岛零碳模式概念图

在居民低碳生活场景打造方面，一是转变居民生活方式，主动实施"气改电"工程，在灵山岛上全面推广使用电灶厨房系统，全面替代液化气罐。二是设立"碳积分银行"，建立低碳积分兑换制度，通过开展"低碳村庄社区"创建、"低碳旅游达人"评选等活动，引导居民游客主动参与到减碳行动中来。三是完成家庭清洁能源取暖改造455户，比例达到100%。

在新能源开发利用场景打造方面，推广光伏发电300平方米，累计发电16.8万千瓦时。

在水资源循环利用场景打造方面，一是加快推进海水淡化工程，采用反渗透膜处理技术，降低能耗与成本；二是加快污水处理模块化建设，推动减污降碳。

在垃圾资源化场景打造方面，全面实施垃圾分类，推动垃圾资源化利用，减少资源浪费与环境污染。

在"双碳"智慧化场景打造方面，投资700万元建成了"智慧灵山岛"信息平台和3处生态管护站。

在生态碳汇场景打造方面，一是聚焦保护林木资源，着力增加碳汇，协调区法院设立全省首个海岛环境资源巡回法庭，组建了68人的"生态护卫队"，配备了20人的综合执法队伍，构建起了"保护区管护站＋网格管护队＋生态管护员"的三级管护模式，灵山岛森林覆盖率持续提升，目前已达到80%。二是开展"全面禁止野外放牧"专项行动，清理岛内放养山羊2043只，解决了长期以来破坏生态资源、困扰保护区的养殖放牧问题，每年可直接保护500亩林草免遭破坏，折算碳汇增量均为365吨CO_2。

3.1.7 长岛：生态优先主导型"1＋5"零碳模式

（1）基本情况简介。

长岛地处山东半岛东部，由151个岛屿组成，总面积3351.69平方千米，其中岛陆面积61.16平方千米，海域面积3290.53平方千米。作为中国首个海洋生态文明综合试验区，长岛生态环境优良，森林覆盖率达54%，近海水质和空气质量优良率分别达100%和98.8%。长岛生物资源富集，拥有贝藻鱼类600多种，是中国鲍鱼、扇贝、海带之乡，同时也是东北亚内陆和环西太平洋鸟类迁徙的重要中转站，每年有330多种、120多万只候鸟途经此地。2018年以来，长岛通过产业绿色转型和生态环境治理，实现了生态环境质量的显著改善，斑海豹数量由近200头增加到400余头，大黑山岛更成为中国首个负碳超过2000吨二氧化碳当量的"负碳海岛"。

第3章 国内外典型海岛零碳建设案例分析

（2）零碳岛建设进展。

长岛以高标准打造国际零碳岛为目标，全面规划设计了"1+5"零碳建设模式，如图3-7所示。其中，长岛的"1"是指主导型降碳路径是生态优先，即以生态保护为引领实现碳排放源头管控；"5"是指辅助型减碳场景通过打造零碳"蓝色粮仓"、世界级零碳旅游、绿色能源、社会全面转型和固碳增汇体系来实现零碳建设目标。具体规划和实践内容如下。

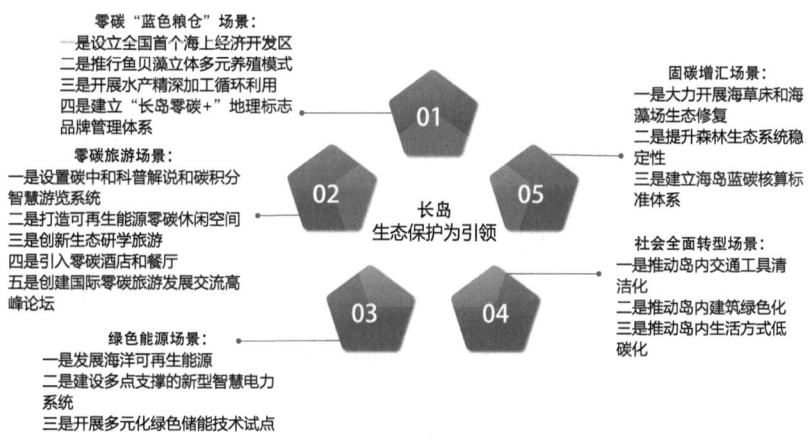

图3-7 长岛零碳模式概念图

在生态优先主导路径方面，长岛坚持把山水林海城作为一个生命共同体，全力推进产业绿色转型。为保证候鸟迁徙，拆除了岛上所有80台风机；实现了垃圾分类、污水无害化处理、清洁能源供暖全域覆盖；严格执行产业项目生态环评，禁止新上工业项目，推行岛外车辆"禁进"、岛内车辆"控牌"政策，完成公共交通新能源替代。通过系统性生态治理，自然岸线和旅游岸线占比达到87.7%，完成10

个有居民岛破损山体100%修复,南北长山岛群、大黑山岛、砣矶岛获评全国首批"和美海岛"。

在零碳"蓝色粮仓"场景打造方面,长岛获批设立全国首个海上经济开发区,建设智能化陆基循环水养殖产业园,开发苗种繁养一体化养殖技术,攻关尾水净化技术。推行鱼贝藻立体多元养殖模式,推动人工饵料减量增效。开展水产精深加工循环利用,促进水产品加工副产物、废弃物循环利用。探索建立"长岛零碳+"地理标志品牌管理体系,实施长岛碳标签机制,构建水产品零碳生态链,尝试开展水产品期货交易。

在零碳旅游场景方面,长岛设置碳中和科普解说和碳积分智慧游览系统,推动景区构建低碳宣传体系。依托岛上休闲公园、文化广场、海岸、休闲街区等开阔场地,采用太阳能、空气能等可再生能源打造零碳休闲空间。创新生态研学旅游,开发地质研学及历史文化体验、自然探索、海洋研学等项目。引入高端碳中和度假酒店和渔家美食零碳认证餐厅,建立旅游碳普惠机制,推行碳中和门票和船票。通过对接全球可持续旅游委员会(GSTC),创建国际零碳旅游发展交流高峰论坛。

在绿色能源场景方面,长岛构建了以岛外引电为主导、岛内清洁能源发电为补充、海陆互联互促的绿色能源体系。发展波浪能、潮流能、潮汐能等海洋可再生能源,开展"光伏+政务""光伏+景观"等多形式太阳能发电。建设多点支撑的新型智慧电力系统,实施源网荷储协同一体化工程。开展多元化绿色储能技术试点,推动钠离子电池、固态锂离子电池等新一代储能技术示范,探索氢(氨)储能、热

（冷）储能等技术应用。

在社会全面转型场景方面，长岛推进交通、建筑、生活等全领域协同增效。在交通领域，推动岛内公务车和出租车完成清洁能源替代，加快发展新能源船舶。在建筑领域，开展装配式建筑、被动式建筑和光伏建设一体化应用示范，到2035年新建建筑将全面执行超低能耗建筑标准。在生活领域，建立绿色产品推广机制，设立普惠制个人碳账户，探索发展蓝色债券、蓝碳基金、碳汇保险等产品。

在固碳增汇场景方面，长岛加强生态资源保护，大力开展海草床和海藻场生态修复。到2035年，海草床面积将达到250公顷，天然海藻场修复面积达到960公顷，养殖海藻碳汇能力达到8.2万吨二氧化碳/年。通过提升森林生态系统稳定性，深化"鲜花海岛"建设，预计到2035年林草覆盖率将提升至62%，林业碳汇能力达到2.81万吨二氧化碳/年。同时建立海岛蓝碳核算标准体系，构建长岛碳排放和碳汇过程模型。

3.1.8 国内海岛零碳建设比较分析

国内零碳海岛建设呈现出显著的差异化特征，这种差异不仅体现在发展路径选择上，更深层次地反映在产业结构调整、技术路线创新、管理机制创新和社会参与机制等方面。

从产业结构调整看，各海岛基于自身资源禀赋和发展基础，形成了独特的产业转型模式。横沙岛立足农业优势，通过"生态农业——秸秆回收——生物质能利用"产业链实现碳减排，并创新性地将光伏发电与水产养殖相结合，开创了"渔光互补"新模式。大陈岛则依托丰富的风能资源,构建起"风电——氢能——黄鱼养殖"全生态产业链,不仅实现了清洁能源的高效利用,还带动了传统渔业的绿色转型。长岛通过打造零碳"蓝色粮仓",将渔业碳汇与经济发展有机结合,探索出独具特色的海洋产业零碳发展路径。

在技术路线创新方面,各海岛呈现出多元化的技术应用特点。大陈岛以风电技术为核心,创新性地引入绿氢储能和柔性低频输电技术,解决了海岛清洁能源供应的稳定性问题。东屿岛围绕建筑节能开展技术创新,通过"光储直柔——智能控制"新模式提升能源使用效率,实现建筑能耗大幅降低。湄洲岛在景观建筑中融入彩色光伏技术,将清洁能源开发与旅游景观有机结合。长岛则重点发展海洋可再生能源技术,在波浪能、潮流能等领域进行创新突破,形成了独特的海陆互联互促绿色能源体系。

从管理机制创新角度看,各海岛都建立了数字化管理平台,但在具体应用方向和深度上各有侧重。东屿岛构建的全要素智能化近零碳管理平台,实现了建筑用电、绿色交通、可再生能源供应等多系统的综合调控。横沙岛开发的碳中和评估系统,通过天空地一体化监测实现了碳排放的精准管理。长岛则在建立海岛蓝碳核算标准体系方面走在前列,为海岛碳汇计量和交易奠定了基础。这些差异化的管理创新,反映了各地在零碳建设过程中的不同侧重点和创新方向。

在社会参与机制方面,各海岛探索出不同的激励模式。灵山岛通过"碳积分银行"建立起全民参与的长效机制,

第 3 章　国内外典型海岛零碳建设案例分析

将 24 种日常低碳行为纳入积分体系。横琴岛依托粤澳合作优势，构建起跨区域的碳普惠平台，扩大了零碳建设的参与范围。长岛则通过建立完整的碳普惠和碳账户体系，实现了对居民低碳行为的精准激励。这些不同的参与机制设计，体现了各地在推动公众参与方面的创新思路。

从建设成效来看，各海岛呈现出阶段性差异。大陈岛和灵山岛已实现负碳，这与其在风电开发和生态碳汇方面的深入探索密切相关。东屿岛通过系统性的建筑节能改造实现近零碳运行，反映出其在既有建筑改造方面的突出成效。湄洲岛设定 2025 年碳中和目标，体现了其在旅游业低碳转型方面的信心。而长岛则通过生态优先战略和五大场景协同推进，朝着国际零碳岛的目标稳步迈进。

国内零碳岛屿建设已形成多元化、差异化的发展格局，各地在坚持生态优先、绿色发展理念的基础上，结合自身特点探索出独具特色的零碳建设模式。这种差异化发展格局的形成，深层次原因在于各岛在资源禀赋、产业基础、技术水平和发展定位等方面的显著差异。这种"百花齐放"的发展态势，不仅展现了中国在应对气候变化方面的创新实践，也为全球海岛零碳转型提供了丰富的中国经验。

3.2 国外海岛零碳建设案例

3.2.1 亚洲地区零碳岛屿建设案例

通过分析亚洲各岛屿的零碳建设特色路径，归纳得出亚洲各岛国习惯以工程思维为核心，构建"顶层设计——多要素协同——跨域集成"的零碳发展框架，为全球提供"亚洲范式"，如图3-8所示。如新加坡通过实施"Green-Gov. SG——净零行动——公共部门引领"创新项目、开展"Tuas Nexus——废物能源化——污水处理"循环示范、打造"裕廊湖区——智慧社区——零碳示范"未来城市等系统规划推进全面绿色转型；马尔代夫通过构建"太阳能——蓄电——智能电网"清洁能源体系、开展"珊瑚保护——生态旅游——碳汇增长"联动行动协同推进清洁能源开发与海洋保护；巴林王国借力推行"工业减排——碳捕集——资源循环"创新模式、发展"可再生能源+储能"新型能源体系，循环经济引领工业转型；塞浦路斯依托构建"欧亚互联——智能电网——清洁能源"系统、实施"建筑节能——废物利用——水资源管理"综合行动，推动能源智慧化和经济绿色化转型。

第3章 国内外典型海岛零碳建设案例分析

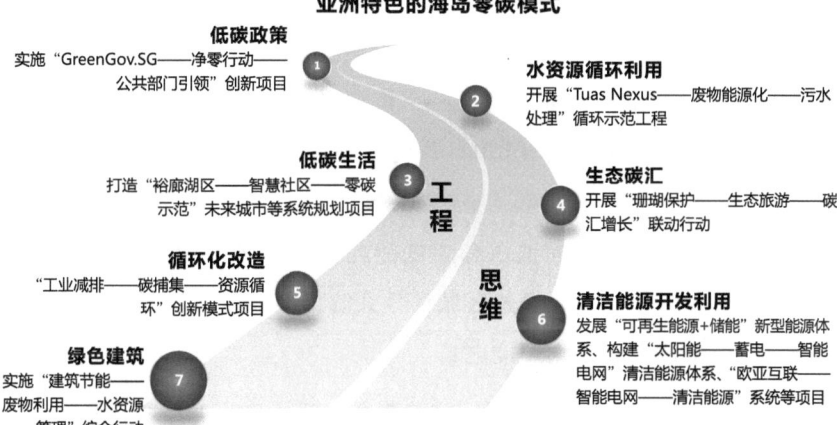

图3-8 亚洲特色的海岛零碳模式

（1）新加坡：系统规划推进全面绿色转型。

实施"GreenGov.SG——净零行动——公共部门引领"创新项目。GreenGov.SG是新加坡政府部门的可持续发展行动计划，作为实现《新加坡绿色计划2030》的关键推动力。该计划推动公共部门于2025年达到碳排放峰值，2045年实现净零排放。具体包括部署太阳能光伏系统、政府数据中心在2025年前达到绿色标识白金标准等措施。到2030年，要求公共部门能源效率提升10%，用水效率提升10%，废物处理效率提升30%。

开展"Tuas Nexus——废物能源化——污水处理"循环示范。Tuas Nexus是全球首个完全能量自给的绿色设施，创新性地将废水处理厂（Tuas WRP）和综合废物管理设施（IWMF）整合。该设施每天可处理80万立方米废水和5800吨可焚烧垃圾，通过餐余垃圾和污泥共混处理提高40%的沼气产量，为30万个四房式组屋单位供电。同时建设材料回收设施（MRF），每天处理250吨可回收物，实现水——能源——废物的协同效应。

打造"裕廊湖区——智慧社区——零碳示范"未来城市。裕廊湖区（JLD）作为新加坡规划的410公顷新增长区域，计划于2045年前实现新建筑净零排放。要求所有新建筑达到绿色标识白金超低能耗标准，区内85%以上出行采用绿色方式。通过区域供冷系统提升能效，创新利用闲置土地建设临时太阳能电场。

（2）马尔代夫：清洁能源与海洋保护双向发力。

构建"太阳能——蓄电——智能电网"清洁能源体系。通过世界银行ASPIRE和ARISE项目合作，在大马累地区建设6.5兆瓦光伏发电系统，配套电池储能设施形成智能微电网。项目采用创新风险缓解机制，吸引私营部门投资，每年可大幅减少化石燃料进口。

开展"珊瑚保护——生态旅游——碳汇增长"联动行动。实施珊瑚再生计划，2019年种植4800多株珊瑚幼苗。同时建立蓝碳清单系统，量化和记录碳汇/通量，发展可持续旅游业。通过海洋生态系统保护增加自然碳汇。

（3）巴林王国：循环经济引领工业转型。

推行"工业减排——碳捕集——资源循环"创新模式。计划从2040年起，在电力、水泥、陶瓷等行业推广碳捕集与封存技术（CCS），目标到2050年实现70%的工业碳排放捕集。同时推进工业园区循环化改造，促进资源能源梯级利用。

打造"可再生能源+储能"新型能源体系。设定2025年可再生能源占比5%、2035年达到10%的目标。重点发展

第3章 国内外典型海岛零碳建设案例分析

分布式光伏，配套建设储能设施，探索氢能等前沿技术，打造多元化清洁能源供应体系。

（4）塞浦路斯：智慧能源开启绿色转型。

构建"欧亚互联——智能电网——清洁能源"系统。通过 Euro Asia Interconnector 项目实现与欧洲大陆电网互联，突破孤岛电网技术瓶颈。同时大力发展智能电网和储能技术，预计到2030年可再生能源占比达25%—40%，其中光伏15%—27%，风能5%—9%。

实施"建筑节能——废物利用——水资源管理"综合行动。推进建筑能效升级改造，强化水资源综合管理。2026年前投资5亿欧元用于清洁燃料、交通、农业和废物管理等领域，通过多部门协同推进实现绿色低碳转型。

3.2.2 欧洲地区零碳海岛建设案例

通过对欧洲岛屿国家零碳建设的具体调研分析发现，欧洲岛国的低碳转型方案凸显出以市场导向为核心驱动力的显著特征，如图3-9所示。例如，爱尔兰通过推行"碳税——碳预算——精准施策"创新机制、构建"农业减排——粪污利用——甲烷控制"综合体系来推动低碳转型；马耳他依靠打造"六大海域——浮动风电——光伏发电"海上能源体系和建设"智能电网——分时电价——智慧交通"绿色管理系统来实现碳减排目标，构建具有普适性、可推广的欧洲方案。

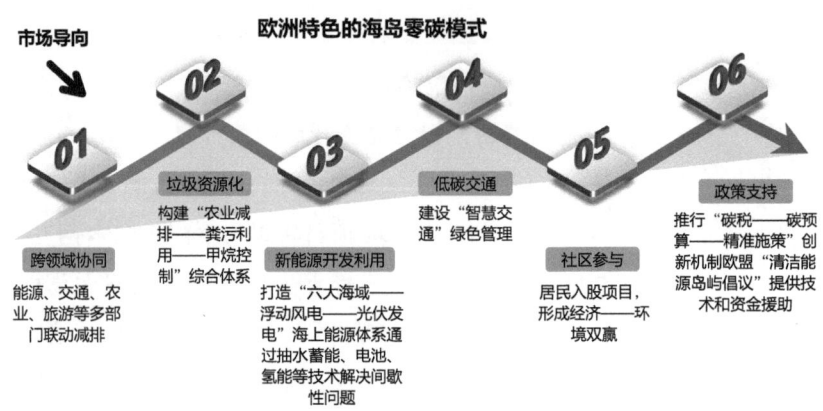

图 3-9 欧洲特色的海岛零碳模式

(1) 爱尔兰：碳税驱动与农业减排。

推行"碳税——碳预算——精准施策"创新机制。爱尔兰通过科学设定碳税政策，承诺 2030 年将税率提升至 100 欧元/吨，并建立全面的经济碳预算体系，每五年设定一次，目标至 2030 年温室气体排放比 2018 年减少 51%。该机制成功推动温室气体总量下降超 15%，同时三年内筹集近 10 亿欧元资金用于支持绿色项目。

构建"农业减排——粪污利用——甲烷控制"综合体系。针对农业占总排放 34% 的挑战，实施 2050 年农业气候战略，重点推进粪便管理和低排放泥浆撒播技术。通过气候智能型农业实践减少生物甲烷排放，发展基于粪污的生物能源，有效实现农业绿色转型。

(2) 马耳他：海上能源与智慧管理。

打造"六大海域——浮动风电——光伏发电"海上能源体系。规划六大海域用于建设海上风能和光伏发电场，创新采用浮动结构技术,解决深水区发电难题。通过 FLASC 储能系统创新集成浮动防波堤,实现风能、太阳能和储能的一体化,目标 2030 年将可再生能源份额提升至 25%。

建设"智能电网——分时电价——智慧交通"绿色管理系统。在全国范围推广智能电表和水表网络,实施高峰和非高峰差异化电价政策。同时引进智能交通信息系统和智能交通灯,在大型港口建立水上的士网络,全方位提升能源资源利用效率。

3.2.3 非洲地区零碳海岛建设案例

非洲海岛的低碳转型模式以注重国际合作与生态保护重塑发展为底层逻辑,如图 3-10 所示。如几内亚比绍依托打造"世界银行——IDA——ESMAP"三方融资清洁能源体系和推行"UNDP——GEF——气象研究所"气候韧性建设模式利用国际合作引领清洁能源转型;佛得角凭借构建"风能——太阳能——储能"一体化能源供给系统、打造"弗戈岛——清洁微网——智慧社区"示范工程来引领海岛能源转型;科摩罗通过打造"生态系统——生物多样性——碳汇"综合保护体系和构建"莫埃利国家公园——海龟保护——社区共管"示范工程促使生物多样性保护提升生态系统固碳能力,以上非洲特色路径可为全球落后岛国零碳模式设计提供蓝本。

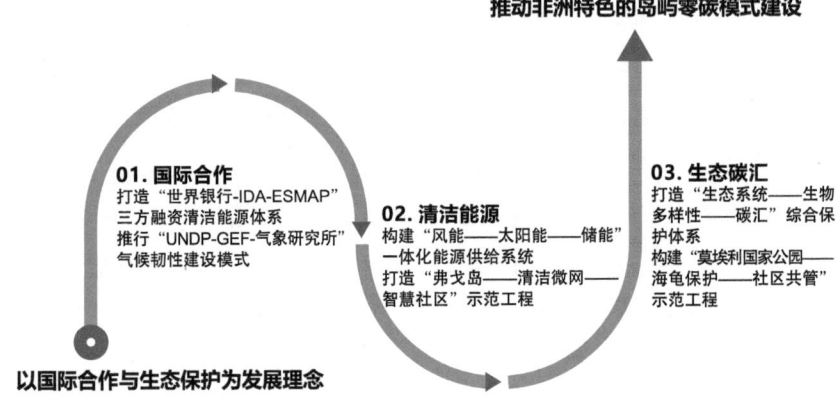

图3-10 非洲特色的岛屿零碳模式

（1）几内亚比绍：国际合作引领清洁能源转型。

打造"世界银行——IDA——ESMAP"三方融资清洁能源体系。几内亚比绍创新构建多元融资模式，获得世界银行3500万美元和IDA3500万美元赠款，以及ESMAP265万美元专项支持，用于推进太阳能规模化发展。该项目计划到2030年完成电网基础设施升级，重点改善首都比绍及周边地区供电能力，为实现可再生能源占比从0%提升至36%的目标奠定基础。

推行"UNDP——GEF——气象研究所"气候韧性建设模式。依托联合国开发计划署和全球环境基金支持，通过气象研究所牵头完善气象观测基础设施，建立早期预警系统。该模式实现了气候数据收集、分析和预警的一体化运作，有效提升了国家气候适应能力，为沿海发展中国家增强气候韧性提供了典型示范。每年通过完善的气候监测体系，为农业生产和防灾减灾提供科学决策支持。

（2）佛得角："风光储"及智能微网推动海岛能源

第3章 国内外典型海岛零碳建设案例分析

转型。

构建"风能——太阳能——储能"一体化能源供给系统。佛得角已制定明确路线图,计划2030年可再生能源发电占比达50%,2050年实现100%目标。通过开展Power Africa等国际合作,在多个岛屿部署集风能、太阳能和储能于一体的综合能源设施,开创性地解决了岛屿型国家能源供给难题。

打造"弗戈岛——清洁微网——智慧社区"示范工程。依托弗戈岛独特地理优势,创新开发光伏发电与储能相结合的智能微电网系统。实现了社区能源自给自足和零碳排放双重目标,通过智能电网提升能源传输效率和系统稳定性,为小型岛屿社区清洁能源转型提供了可复制经验。计划到2030年,通过智能微网建设将可再生能源占比提升至70%。

(3) 科摩罗:生物多样性保护助力生态系统固碳能力提升。

打造"生态系统——生物多样性——碳汇"综合保护体系。科摩罗作为全球25个生物多样性热点地区之一,通过创新构建生态系统保护机制,实施3500公顷森林和流域修复计划。每年计划种植35万棵树木,通过生态修复显著提升碳汇能力,目标到2030年提升碳吸收能力47%。同时,通过在三个岛屿开展能力建设,实现国家和社区层面的生态保护协同。

构建"莫埃利国家公园——海龟保护——社区共管"示范工程。依托联合国开发计划署和全球环境基金支持,创新打造莫埃利国家公园生态保护区。该项目成功使莫埃利岛在2020年获得联合国教科文组织生物圈保护区认证,每年吸引 3 万只海龟在此筑巢，成为全球最大的海龟繁殖地。通过社区参与的保护模式，实现生态保护和民生发展双赢。

3.2.4　美洲地区零碳海岛建设案例

依托对美洲地区海岛的零碳建设调研，总结得出美洲地区的低碳转型构建了技术多元化的创新发展格局，如图 3－11 所示。如圣卢西亚依托打造"公共设施——分布式发电——储能系统"一体化清洁能源体系和创新"包容性农业——技术培训——社区赋能"发展模式赋能零碳转型之路；圣基茨和尼维斯通过构建"地热发电——电网改造——能源出口"绿色产业链和推进"太阳能——风能——储能"多能互补体系助力零碳发展；圣文森特岛依靠打造"机场光伏——废物回收——生态旅游"创新发展链和"水资源管理——气候预测——农业适应"韧性体系走实生态创新引领低碳转型之路；圭亚那通过构建"天然气发电——可再生能源——智能电网"现代能源体系和打造"森林碳汇——碳信用——绿色金融"创新模式步入智慧能源引领碳中和之路；格林纳达通过推进"海洋保护——渔业发展——生态旅游"可持续发展模式和构建"可再生能源——电力储存——智能电网"清洁能源网络助力蓝色经济引领零碳建设之路，这些特色路径是美洲岛国以自身智慧丰富全球零碳海岛建设框架的具体实践。

第3章　国内外典型海岛零碳建设案例分析

图 3-11　美洲特色的海岛零碳模式

（1）圣卢西亚：多元太阳能赋能零碳转型之路。

打造"公共设施——分布式发电——储能系统"一体化清洁能源体系。圣卢西亚已建成4兆瓦的公用事业级太阳能农场，每年可生产2470万千瓦时清洁电力，供应3500个家庭用电需求，每年节省150万加仑柴油。同时，在学校、医院等关键设施建设8个太阳能微电网，构建起分布式清洁能源供应网络。

创新"包容性农业——技术培训——社区赋能"发展模式。在联合国开发计划署支持下建设两个社区商业水产养殖单元，特别针对残障人士提供支持。同时推进可可产业复兴，通过农民培训和新技术引进，提升生产方式并增加高品质可可豆需求，为地方农民创造新的商业机会。

（2）圣基茨和尼维斯：地热能开发利用驱动零碳发展之路。

构建"地热发电——电网改造——能源出口"绿色产业链。尼维斯岛正在开发10兆瓦地热发电项目，预计可满足全岛电力需求，并面向区域电网出口绿色能源。圣基茨岛计划到2025—2027年建设30—45兆瓦地热项目，预计可使电价下降约63%。

推进"太阳能——风能——储能"多能互补体系。圣基茨岛投资8000万美元的太阳能项目将于2026年全面运营，提供35MW峰值容量。同时规划德梅拉拉地区风电项目，可满足约50000个家庭用电需求，形成多能互补的清洁能源供应网络。

(3) 圣文森特岛：生态创新引领低碳转型之路。

打造"机场光伏——废物回收——生态旅游"创新发展链。在阿盖尔国际机场修建600千瓦太阳能农场，推动清洁能源应用。同时发起回收创新挑战，鼓励学术界和企业探索利用塑料和火山灰制造有用产品，推动循环经济发展。

打造"水资源管理——气候预测——农业适应"韧性体系。通过SVG-CLEAR项目优化水资源适应性投资，实施包容性水产养殖项目，提高社区食品安全和气候韧性。同时加强沿海防护，建设生态旅游示范点。

(4) 圭亚那：智慧能源引领碳中和之路。

构建"天然气发电——可再生能源——智能电网"现代能源体系。投资4亿美元的气体能源项目通过225公里海底管道输送天然气，建设300兆瓦发电设施。同时推进Guysol项目，在伯比斯等地建设大型太阳能电站，到2025年太阳能装机将达到33兆瓦。

打造"森林碳汇——碳信用——绿色金融"创新模式。

第3章 国内外典型海岛零碳建设案例分析

作为全球碳汇大国，圭亚那森林每年吸收1.54亿吨二氧化碳，成功出售首笔商业碳信用获得1.875亿美元，其中2250万美元已分配给242个指定村庄用于经济社会改善。

（5）格林纳达：蓝色经济引领零碳建设之路。

推进"海洋保护——渔业发展——生态旅游"可持续发展模式。作为加勒比地区唯一将蓝色经济上升为国家战略的国家，通过建立海洋保护区、实施污染控制、发展可持续渔业等措施，促进经济增长与海洋生态保护的协调发展。

构建"可再生能源——电力储存——智能电网"清洁能源网络。通过国家能源政策NEP 2023—2035，致力于到2030年实现100%可再生能源供电，重点发展太阳能、风能和地热能，同时加强储能技术和电网韧性建设。

3.2.5 大洋洲地区零碳海岛建设案例

通过对大洋洲地区海岛零碳建设在经济、气候、政策等方面的研究，总结发现，大洋洲岛国已形成了以创新性和实用性相统一的零碳发展理念，并以其为核心不断创新实践零碳发展模式，如图3-12所示。如所罗门群岛通过打造"养蜂产业——红树林恢复——碳汇提升"绿色产业链和推进"蒂娜河流域——水电引领"绿色转型，形成了生态养蜂助力碳汇建设之路；澳大利亚依托打造"风光互补——多能协同——智能调控"综合能源体系、构建"奥古斯塔港混合能源示范区"创新发展模式和打造"大容量储能——智能调度——电网升级"现代能源网络，形成了可再生能源整合助力能源转型之路；萨摩亚依靠打造"废弃物回收——生物质气化——清洁供能"循环经济链和探索"生态旅游——环保引领"绿色发展模式形成了生物质能创新发展之路,大洋洲各岛国以其特色路径为海岛零碳建设提供新思路。

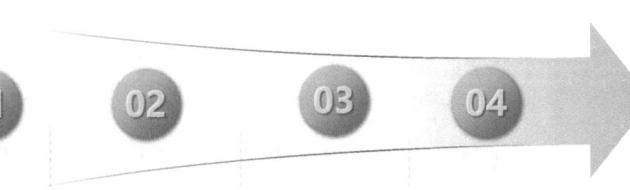

图3-12 大洋洲特色的零碳海岛模式

(1)所罗门群岛:生态养蜂助力碳汇建设之路。

打造"养蜂产业——红树林恢复——碳汇提升"绿色产业链。马莱塔省紧抓生态修复发展主线,创新推行养蜂助力红树林恢复项目,通过促进蜜蜂采花授粉显著提高红树植物的结实率和种子发芽率。项目不仅帮助当地农民实现增收,更有效减少了对林木的破坏,同时提升了区域碳汇能力。作为"海岸卫士"和"海洋绿肺"的红树林,在净化海水、防风消浪、固碳储碳方面发挥着重要作用。

推进"蒂娜河流域——水电引领"绿色转型。依托丰富的水力资源,建设该国第一个大型可再生能源项目——蒂娜河水电站,年发电量达7800万千瓦时,满足首都地区

68%的电力需求，惠及约10万人口。该项目成功实现了清洁能源供应和减排的双重效益，为几代所罗门群岛人民带来持续效益。

（2）澳大利亚：可再生能源整合示范助力能源转型之路。

打造"风光互补——多能协同——智能调控"综合能源体系。南澳大利亚州紧抓能源转型机遇，创新推进可再生能源整合，到2023年实现76%的电力来源于可变可再生能源。通过整合风电场、屋顶太阳能和太阳能发电厂等多种形式，成功展示了高比例可再生能源并网的典范，实现了规模化清洁能源供应。

构建"奥古斯塔港混合能源示范区"创新发展模式。依托丰富的风能和太阳能资源，与伊维尔德罗拉公司合作建设装机容量320MW的混合可再生能源园区，配置50台风机和25万个太阳能模块。项目每年为18万户家庭供应清洁能源，年减碳40万吨，有效推动了区域能源结构的绿色转型。

打造"大容量储能——智能调度——电网升级"现代能源网络。新南威尔士州积极推进储能创新，在惠灵顿建设415MW/1660MWh的大型电池储能系统，并开发分散式虚拟电厂网络。项目总投资84亿澳元，提供超过1吉瓦的调度容量，为可再生能源大规模消纳提供了坚实支撑。

（3）萨摩亚：生物质能创新发展之路。

打造"废弃物回收——生物质气化——清洁供能"循环经济链。乌波卢岛积极推进Afolau生物质气化发电厂建设，创新利用木屑、杂草和椰子废料等生物质资源，年发电量达500万千瓦时。项目每年减少3.7吨碳排放，为5000个家庭提供清洁电力，同时解决了废弃物处理问题，实现了资源循环利用和清洁能源供应的双重目标。

探索"生态旅游——环保引领"绿色发展模式。马尼诺阿海滩创新发展环保和可持续旅游模式，强调与自然亲密接触，注重传统建筑保护，推广环保实践。该模式成功实现了生态保护与旅游发展的和谐统一，为区域绿色转型提供了新思路。

3.2.6　国外零碳海岛零碳建设比较分析

（1）零碳发展理念比较。

全球各地区零碳发展理念的差异，是社会经济发展阶段、治理能力、产业结构、资源禀赋及环境压力等多重因素交织作用的结果。这种理念上的分歧，不仅是区域发展水平的外在表征，更深刻揭示了不同发展要素间复杂的互动逻辑。

在亚洲，系统工程思维贯穿零碳发展全过程。新加坡依托"GreenGov.SG"战略，将零碳建设深度融入国家治理体系。其背后是高效行政体系与成熟市场机制的双重支撑；作为城市国家，唯有通过系统性规划，才能确保零碳措施协同推进；而高度发达的产业结构，也迫切需要整体规划实现低碳转型。马尔代夫选择"珊瑚礁+"发展模式，与其岛国特性紧密相关——严峻的气候变化威胁、对旅游业的高度依赖，以及薄弱的工业基础，促使其立足自然资源探索零碳路径。巴林王国聚焦工业转型，则是资源型经济寻求突破的必然选择，既要维持现有产业优势，又要为未来发展预留空间。

第3章 国内外典型海岛零碳建设案例分析

欧洲地区的零碳发展呈现鲜明的市场导向特征。爱尔兰推行"碳税——碳预算"双轨制，得益于完善的市场经济体系、公众较高的环境意识，以及欧盟统一市场带来的碳定价空间。马耳他大力发展海上能源，其特殊的地理位置、有限的陆地面积，加之欧盟政策支持与地中海区域能源互联机遇，共同塑造了这一发展方向。

非洲的零碳发展理念更强调国际合作与生态保护。几内亚比绍依托国际合作机制推进零碳建设，源于自身发展能力不足、应对气候变化的迫切需求，以及对国际援助的依赖。佛得角选择"风光储"一体化路径，充分利用丰富的可再生能源资源，结合孤岛电网需求，在国际技术合作支持下实现突破。科摩罗聚焦生物多样性保护，将生态优势转化为发展机遇，通过生态保护获取国际支持，筑牢可持续发展根基。

美洲地区呈现技术多元化发展特征。圣基茨和尼维斯凭借丰富的地热资源、较小的用能规模，以及发展清洁能源的迫切需求，将地热能源作为重点零碳能源。圭亚那依托全球领先的人均森林面积，抓住碳市场机遇，通过发展碳信用实现生态资源的经济价值。格林纳达将蓝色经济提升为国家战略，充分挖掘海洋资源潜力，借助区域合作推动经济转型。

大洋洲的零碳发展理念兼具创新性与实用性。所罗门群岛创新性地将养蜂产业与红树林保护相结合，既顺应生态系统特性，又满足传统产业发展需求，同时契合国际支持导向。澳大利亚凭借完善的创新体系、丰富的矿产资源和发达的市场机制，以技术创新引领零碳发展。萨摩亚则基于丰富的生物质资源、能源自给需求和废弃物处理压力，大力发展生物质能源。

这些理念差异生动展现了全球零碳海岛建设的复杂性，也印证了一个重要结论：成功的零碳发展模式必须立足本地实际，充分考量自身条件，因地制宜选择发展路径。零碳建设没有放之四海而皆准的标准答案，唯有契合自身特色的发展方向，才是通向成功的正确道路。

（2）零碳建设技术路线比较。

全球零碳海岛在技术路线选择上的区域差异，本质上是各地区技术积累、创新能力和资源条件的集中体现。这种差异不仅塑造了不同的技术发展路径，也反映出全球零碳技术发展的多样性。

亚洲地区在零碳技术发展上展现出系统集成创新特色。新加坡的 Tuas Nexus 项目创新性地实现废水处理厂与综合废物管理设施一体化运行，这一技术路线的选择，得益于其领先的环境技术积累、城市空间集约利用需求，以及对系统解决方案经济效益的考量。马尔代夫发展智能微电网技术，旨在满足分散式海岛供电需求，保障可再生能源并网稳定性，同时通过智能控制降低运维成本。巴林王国在工业碳捕集技术方面的探索，则是产业转型的必然要求，充分利用现有工业基础和油气技术转化优势，发挥区域产业升级的示范效应。

欧洲地区的零碳技术路线以创新引领为核心。马耳他在浮动式海上发电技术上取得突破，离不开欧盟技术创新体系的支持、深水海域开发需求，以及区域电网互联的带动作用。塞浦路斯发展智能电网技术，是为应对孤岛电网特殊运行需求，突破可再生能源高比例接入的技术挑战，同时符合欧盟能源互联的技术标准。

第3章 国内外典型海岛零碳建设案例分析

非洲地区的零碳技术路线更强调适用性。佛得角开发的"风光储"一体化技术,充分适应小型电网运行特点,降低技术维护难度,同时利用可再生能源互补优势。科摩罗在生物多样性监测技术方面的应用,既满足生态保护需求,又考虑国际技术转移的可及性和本地化应用的可行性。

美洲地区的零碳技术路线呈现多元化创新态势。圣卢西亚发展分布式光伏技术,契合岛屿分散供电需求,充分发挥太阳能资源优势,兼顾技术维护经济性。圭亚那在森林碳汇监测技术上的创新,满足碳信用交易技术要求,适应大面积森林监测需求,并借助国际合作获得技术支持。格林纳达在海洋监测技术方面的布局,服务于海洋生态保护和蓝色经济发展,同时符合区域合作技术标准。

大洋洲地区的零碳技术路线突显创新性与实用性结合。澳大利亚在储能技术领域的系统布局,依托矿产资源开发技术积累,满足可再生能源发展配套需求,应对电网调节技术挑战。萨摩亚在生物质能气化技术上的创新应用,综合考虑生物质资源处理需求、分散式供能实际,以及技术经济性平衡。

从全球零碳技术路线演进趋势来看,呈现三大共性特征:一是技术选择从单一突破向综合解决方案转变,更加注重系统性;二是技术应用充分考量本地条件和维护能力,突出适用性;三是技术创新强调跨领域融合,重视协同效应。这些趋势揭示了零碳技术发展的普遍规律,为各海岛技术路线选择提供了重要参考。

(3) 零碳建设资金保障机制比较。

全球零碳岛屿在资金保障机制上的区域差异,深刻反映出各地区金融市场发育程度、融资渠道和风险管理能力的不同。这种差异不仅影响零碳项目的推进效率，也塑造了各具特色的融资模式。

亚洲地区构建了多层次融资体系。新加坡创新"政府引导——市场主导"模式，通过 GreenGov.SG 计划以 1∶5 的杠杆撬动社会资本，并利用绿色债券市场提供长期稳定资金支持。马尔代夫通过 ASPIRE 和 ARISE 项目引入风险缓释机制，成功吸引私营部门投资光伏发电项目，破解小型岛国融资难题。巴林王国凭借区域金融中心优势，利用伊斯兰金融创新支持工业碳捕集项目，为传统能源企业转型开辟新融资渠道。

欧洲地区形成了成熟的市场化融资体系。爱尔兰通过碳税收入设立专项基金，3 年内筹集近 10 亿欧元支持绿色项目，实现环境治理与资金筹措的良性循环。马耳他创新开发浮动式发电设施融资产品，通过设备租赁和收益分成降低投资门槛，吸引私人资本参与海上能源开发。

非洲地区发展出独特的国际合作融资模式。几内亚比绍构建"世界银行——IDA——ESMAP"三方融资机制，获得 7265 万美元支持，并以此吸引更多国际资金。科摩罗结合生物多样性保护项目，创新生态补偿融资机制，实现生态价值向金融资源的转化。

美洲地区探索出多元化创新融资路径。圣基茨和尼维斯通过能源出口预期收益证券化，为地热发电项目筹集资金，开创小型岛国能源项目融资新模式。圭亚那依托森林资源开展碳信用交易，首笔交易达 1.875 亿美元，其中 13% 直接惠及 242 个村庄，实现生态资源的金融价值转化。

大洋洲地区建立了特色化融资支持体系。澳大利亚在惠灵顿储能项目中采用公私合营模式，通过股权、债权和碳收益组合设计，平衡各方投资风险。所罗门群岛结合红树林修复项目，开发生态信贷产品，通过国际碳汇市场实现项目收益多元化。

这些融资模式的区域差异体现出三大核心特征：其一，融资方式与当地金融市场发展水平高度相关，发达地区倾向市场化运作，发展中地区依赖国际合作；其二，融资创新往往与本地优势资源紧密结合，实现资源价值转化；其三，风险管理机制因地区而异，发达地区依靠市场机制分散风险，发展中地区更多借助多边机构担保。

3.3 经验借鉴与启示

从全球海岛零碳建设实践来看，虽然各海岛采取的具体路径和措施存在差异，但深层次分析其成功经验，可以提炼出一些共性的规律和启示。这些经验的凝练对于推动全球海岛零碳建设和国际合作具有重要指导意义。

零碳转型必须与经济发展深度融合。新加坡通过 GreenGov.SG 计划实现了政府部门引领带动全社会绿色转型，这种做法的深层逻辑在于将零碳理念嵌入经济社会发展的各个环节。圭亚那将森林资源转化为碳信用，获得巨额交易收益并惠及242个村庄的发展,体现了生态价值实现的创新模式。国内的横沙岛立足农业优势,构建"生态农业——秸秆回收——生物质能利用"产业链,实现了农业废弃物的资源化利用;大陈岛依托风能资源,打造"风电——氢能——黄鱼养殖"全生态产业链,成功实现了传统渔业的绿色升级。这些实践表明,零碳发展模式的创新必须立足本地实际,根据资源禀赋和产业基础选择适合的路径。同时,要注重发展模式的系统性,通过产业链整合实现多重效益。

技术创新是零碳建设的核心驱动力。马尔代夫建立蓝碳清单系统,开创性地将珊瑚礁保护与碳汇建设结合。澳大利亚通过储能技术创新突破了可再生能源的应用"瓶颈",惠灵顿项目的成功为全球岛屿解决了清洁能源稳定供应的难题。国内的大陈岛创新采用"绿氢"综合能源示范工程和柔性低频输电技术,每年可消纳10万度清洁电力,产出7.3万立方米绿氢,并将副产品氧气用于水产养殖,实现了能源利用的全过程创新。东屿岛创新采用光储直柔技术体系,通过分散式虚拟电厂网络提升了能源系统效率。这些案例表明,技术创新要注重系统集成和创新应用,通过技术突破解决发展瓶颈。

制度创新是零碳建设的重要保障。爱尔兰通过碳税和碳预算双重机制成功筹集巨额资金支持零碳项目,这种制度设计的价值在于形成了稳定的资金来源和有效的激励机制。几内亚比绍创新构建三方融资机制,解决了发展中国家在零碳建设中面临的资金短缺问题。国内的横琴岛探索"国际合作——多城互联"碳普惠平台,通过市场化手段实现全岛市政用电绿色化。灵山岛创新设立"碳积分银行",通过积分

第3章 国内外典型海岛零碳建设案例分析

兑换调动全社会参与零碳建设的积极性。这些实践表明,制度创新要充分发挥市场机制作用,通过政策引导和市场激励实现多方参与。

国际合作是零碳建设的重要助力。佛得角通过 Power Africa 框架获取技术支持,几内亚比绍借助 UNDP - GEF 平台提升气候韧性,这些实践展现了国际合作在推动发展中海岛国家零碳建设中的重要作用。塞浦路斯通过 Euro Asia Interconnector 项目实现跨区域电网互联,表明区域协作可以有效解决海岛发展面临的资源限制。这些经验说明,加强国际合作不仅可以共享资源和经验,更能形成应对气候变化的全球合力。

从全球实践中汲取的这些经验对于推动海岛零碳建设和国际合作具有重要启示:一是要坚持系统观念,将零碳建设融入经济社会发展全局,实现减排目标与发展诉求的统筹兼顾;二是要注重创新引领,通过技术创新和制度创新破解发展瓶颈,探索出可持续的发展模式;三是要加强国际合作,搭建多层次、多领域的合作平台,实现资源共享和经验互鉴;四是要因地制宜,立足本地实际选择适合的发展路径,避免简单照搬他人经验。

第4章
中国海岛零碳化动力机制与约束条件分析

　　本章系统分析了中国海岛零碳化的动力机制与约束条件。在动力机制方面，从启动机制、驱动机制和持续动力三个维度展开，探讨可再生能源开发利用、国家战略与国际责任、技术创新与产业融合如何推动海岛零碳化进程；在约束条件方面，从自然条件、经济条件、技术条件和社会条件等多个维度，深入剖析生态承载力脆弱性、资源禀赋稀缺性、极端气候风险、融资渠道单一、技术适应性不足、公众环保意识薄弱等因素对海岛零碳发展的制约。通过全面深入分析，旨在为中国海岛零碳化发展提供实践指导。

第4章 中国海岛零碳化动力机制与约束条件分析

4.1 动力机制分析

作为海洋国土的前沿阵地与生态系统的关键节点,海岛兼具资源禀赋优势与发展转型挑战。深入探究其零碳化动力机制,不仅能揭示海岛零碳转型的内在逻辑与外部驱动力,更为科学规划海岛可持续发展路径、推动国家碳中和目标实现提供理论支撑与实践指引,动力机制分析框架如图4-1所示。

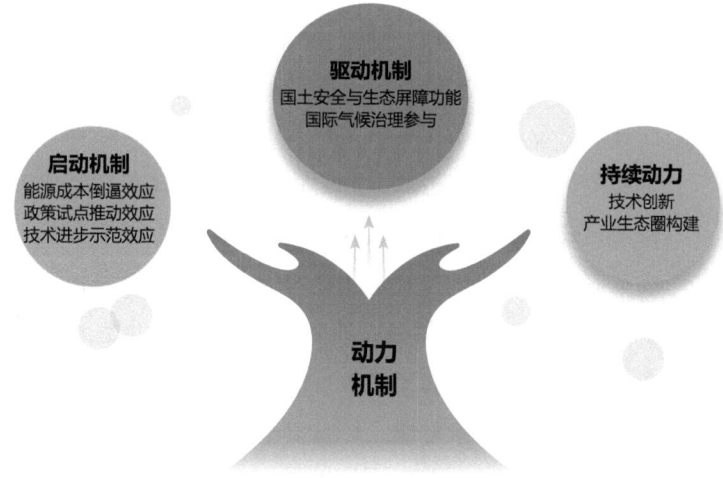

图4-1 动力机制分析框架概念图

4.1.1 启动机制：可再生能源开发利用

海岛零碳化的启动机制源于能源系统的根本性变革，即可再生能源的规模化开发与利用。与传统化石能源依赖不同，海岛依托风能、太阳能及海洋能等可再生能源，有利于构建能源供给新范式。以浙江省舟山群岛为例，2022 年其可再生能源发电占比已达 45%，光伏装机容量突破 800 兆瓦，成为零碳转型的先行示范区。可再生能源基础设施的规模化部署，不仅降低了碳排放强度，还为后续产业升级提供了清洁能源保障。具体来说，可再生能源开发利用对零碳海岛的启动机制包括能源成本倒逼、政策试点推动与技术进步示范。

4.1.1.1 能源成本的倒逼效应

海岛能源供给的经济特征与成本构成呈现出独特的系统性特征。传统海岛能源供给模式下，化石燃料运输成本构成了能源价格的主要组成部分。这种成本不仅包括直接的运输费用，还涉及燃料储存设施的建设与维护、运输保险、人工成本等多个环节。特别是在极端天气频发的海岛地区，需要维持较长期的燃料储备，这种储备本身既占用大量流动资金，又产生仓储与管理成本。同时，海运受航线、天气、港口条件等多重因素影响，一旦供应链出现中断，将导致补给成本急剧上升。这种高昂的能源成本不仅直接影响岛内居民生活质量，还显著制约了岛内产业发展，形成经济发展的瓶颈。此外，化石能源价格的高波动性也给岛内经济规划带来

第4章 中国海岛零碳化动力机制与约束条件分析

巨大挑战，企业难以进行长期成本预测，投资意愿因此受到抑制。随着可再生能源开发与利用技术的突破，能够有效解决化石能源储运环节的不确定性风险，大大提高了海岛用能安全，降低了海岛用能成本。以南海某海岛为例，柴油发电成本高达2.3元/千瓦时，而同期光伏发电成本降至0.4元/千瓦时。经济性差异倒逼海岛转向可再生能源，形成"成本驱动——技术应用——产业升级"的连锁反应。

4.1.1.2 政策试点推动效应

政策驱动是零碳海岛建设的核心推动力。目前，国家已构建形成"顶层设计——约束机制——激励机制——监督评估"全流程的政策驱动体系。具体来看，国家形成了"双碳"战略顶层设计、产业准入负面清单和环境评价制度等约束性机制、补贴/奖励+绿色金融+用地政策相结合的激励机制和零碳岛屿评价标准等监督评估方法。该体系通过多层级、多维度的传导网络，将政策动力有效传递到零碳海岛建设的各个环节。政策驱动体系的形成不仅为零碳海岛建设提供了制度保障，更重要的是塑造了有利于海岛零碳化的政策环境，通过系统性的制度安排引导各类资源要素向零碳领域集聚，形成了持续稳定的发展动力。例如，国家发展改革委发布《海岛可再生能源发展规划（2021—2035）》，选定12个试点岛屿，通过财政补贴、税收优惠等政策工具，推动"风光储一体化"项目落地，进一步激发了海岛零碳化建设的内在动力。如广东省南澳岛通过"零碳岛"示范工程，实现全年清洁能源自给率82%，成为技术推广的标杆。

4.1.1.3 技术进步示范效应

技术进步是零碳海岛建设的支撑性动力源。一方面,新能源开发利用技术的突破为海岛能源系统变革提供了支撑。随着我国在海上风电技术、海上光伏技术、智能微电网技术、储能技术等关键领域的突破,尤其是开发适应海岛环境的高效光伏组件、研发耐腐蚀的海上风电设备、突破长周期储能技术和微电网技术等技术的成熟,能够推动海岛能源系统变革。另一方面,资源循环利用技术的成熟为海岛适应性能力提升提供了支撑。我国在海水淡化技术、蓄水技术、垃圾无害化处理与利用技术、海洋垃圾资源化利用技术、海岸带修复技术等领域的突破和应用,推动了韧性海岛的建设步伐。以上技术为海岛应对能源系统的封闭性、气候条件的多变性,以及生态环境的脆弱性等多种问题提供了解决方案,海岛也为以上技术的应用提供了示范场景。例如,长岛实现了海水淡化技术全域覆盖,保障了全岛居民的生活用水问题。

4.1.2 驱动机制:国家战略与国际责任

海岛零碳化承载着"生态文明建设"的国家使命与"碳中和"国际承诺的双重驱动。2020 年,《中国海洋碳中和行动方案》明确将海岛列为减排重点区域,要求 2030 年前实现有人居住岛屿 100% 清洁能源覆盖。国家战略和国际责任成为海岛零碳化的外部驱动机制。

4.1.2.1 国土安全与生态屏障功能

海岛作为海洋国土的关键节点,在国家安全体系与生态系统中扮演着不可替代的战略角色。其海陆统筹的地理属性,使其成为捍卫国家主权的前沿哨所与维系海洋生态平衡的核心枢纽。在国土安全维度,海岛构成了国家海疆防御的立体防线。南海岛礁群通过构建"岛链防御体系",将传统平面防御拓展为海空立体防御网络。渚碧礁、永暑岛等岛礁的基础设施建设,不仅强化了海空监控能力,更构建起覆盖周边海域的预警体系。从历史维度看,钓鱼岛及其附属岛屿作为东海前哨,其战略价值在于控制台海通道与维护防空识别区完整性。这些海岛如同镶嵌在蓝色国土上的战略坐标,形成了捍卫国家主权的第一道屏障。在生态屏障功能方面,海岛生态系统构成了海洋生物多样性的关键支撑。珊瑚礁岛屿孕育的珊瑚礁生态系统,以不足 0.2% 的海洋面积维系着 25% 的海洋生物多样性。海南岛周边的珊瑚礁每年为渔业资源提供超 10 万吨补充量,形成"海洋牧场"生态缓冲带。红树林岛屿通过根系固碳与污染物吸附,有效净化近岸海水,其单位面积固碳效率是热带雨林的 5 倍。这种生态服务功能不仅维持着海洋生态平衡,更通过碳汇机制助力全球气候治理。

海岛的双重战略价值在实践中呈现高度关联性。生态屏障功能为国土安全提供环境支撑,健康的珊瑚礁生态系统可降低海岸侵蚀对岛礁基础设施的威胁;反之,国土安全保障为生态保护创造稳定条件,管控能力的提升有效遏制非法捕捞与海洋污染。浙江省舟山群岛通过"生态岛礁"工程,将国防设施与生态修复工程有机结合,实现安全功能与生态价值的协同提升。面对全球气候变化与海洋权益博弈的双重挑战,海岛零碳化的战略价值愈发凸显。如永兴岛通过红树林修复工程,碳汇能力提升30%,同时抵御风暴潮效率提高25%。

4.1.2.2 国际气候治理参与

在全球气候危机背景下,岛屿国家和地区因其生态脆弱性与地理孤立性,成为气候变化的"前沿阵地"。国际气候治理体系通过规则约束、资源动员与技术扩散,构成岛屿零碳化转型的核心外部动力。这一动力机制可从制度压力、资源获取与知识共享三个维度展开分析。首先,国际气候协定的规则约束力形成低碳转型倒逼机制。《巴黎协定》确立的国家自主贡献(NDC)框架与全球温升控制目标,将岛屿国家纳入全球气候治理的责任体系。例如,马尔代夫、基里巴斯等国因海平面上升威胁,在国际承诺中明确提出2050年实现碳中和的目标。这种制度压力通过国际舆论监督与国家声誉机制,推动岛屿政府将零碳化纳入国家发展战略。联合国气候大会(COP)的定期评估机制,则进一步强化了履约压力,促使岛屿国家加快能源结构调整与低碳技术应用。其次,国际气候资金与技术合作提供关键资源支撑。全球环境基金(GEF)、绿色气候基金(GCF)等多边机制为岛屿国家提供了零碳化转型的资金渠道。例如,加勒比岛国通过GCF获得可再生能源项目开发资金,实现太阳能与小型风电的规模化应用。同时,技术转让机制打破了岛屿国家的研发能力瓶颈。欧盟与太平洋岛国的"蓝色能源伙伴计划",通

第 4 章　中国海岛零碳化动力机制与约束条件分析

过技术合作推动海洋能开发与储能系统建设。这种资源流动降低了岛屿零碳化的经济门槛，使其得以突破本地市场狭小与资本匮乏的限制。最后，国际气候治理平台构建知识共享网络。岛屿国家通过参与气候谈判与南南合作机制，借鉴减碳路径的经验。太平洋岛国论坛（PIF）与东盟气候行动网络（ACAN）促进了岛屿间的技术交流与政策协同。世界银行的气候智慧型发展项目则为岛屿提供气候风险评估与转型规划的标准化工具。这种知识网络加速了零碳化实践的扩散，如斐济通过学习塞舌尔的生态旅游模式，将碳汇交易纳入国家经济体系。综上所述，该动力机制不仅为零碳转型提供了紧迫性驱动，更重要的是塑造了有利于可持续发展的韧性生态，通过系统性的应对机制引导各类资源要素向气候适应性领域集聚，形成了长效稳定的发展动力，为全球气候治理提供了"小岛屿解决方案"的创新样本。

4.1.3　持续动力：技术创新与产业融合

技术创新是零碳化的核心引擎，产业融合是零碳化的内生动力。据《中国海洋能源发展报告（2023）》显示，海岛场景的漂浮式风电、光储直柔系统等关键技术国产化率突破70%，推动全产业链成本下降40%。技术创新和产业融合是持续推动海岛零碳化的内在动力。

4.1.3.1　技术创新

在全球零碳转型进程中，技术创新是岛屿国家与地区实现碳中和目标的核心引擎。相较于外部制度压力，技术创新通过本地化适应性研发、能源结构重构与产业升级路径，形成自主驱动的零碳化能力。首先，本地化技术创新破解海岛特殊地理约束。海岛因孤立性、资源有限性与生态脆弱性，面临能源供给分散化、电网稳定性不足等挑战。分布式能源技术的创新成为破局关键。如斐济开发的微型智能电网系统集成太阳能、波浪能与生物质能，通过物联网技术实现多能互补与动态调控；毛里求斯利用珊瑚礁地形设计潮汐能发电装置，将地理劣势转化为能源优势。这类适应性技术研发以解决本地需求为导向，突破了传统技术移植的局限性，构建起具有海岛特色的零碳技术体系。其次，能源技术革命重构岛屿能源供给范式。光伏技术的迭代与储能系统创新推动岛屿能源去碳化进程。例如，马尔代夫通过碲化镉薄膜太阳能板与锂电池储能结合，实现离岛度假村100%可再生能源供电；巴巴多斯开发的"氢能岛屿"项目，利用电解水制氢技术解决可再生能源间歇性问题，形成"风光制氢——储氢——氢燃料电池"全链条技术体系。这种能源技术的突破不仅降低对化石燃料的依赖，更通过微电网技术实现能源主权，增强岛屿应对气候变化的韧性。最后，技术创新驱动零碳产业体系升级。岛屿依托技术赋能发展绿色经济。如塞舌尔利用无人机监测珊瑚礁生态，结合区块链技术开发碳汇交易平台；冰岛基于地热能技术优势，构建"清洁电力——数据中心——铝冶炼"低碳产业集群。这种内生动力机制通过技术扩散效应，带动传统渔业、旅游业向低碳模式转型，形成零碳经济的自我强化循环。综上所述，技术创新作为海岛零碳化的内部动力，与外部动力相比，其独特价值在于将岛屿的地理劣势转化为技术创新优势，为全球零碳转型贡献

第4章 中国海岛零碳化动力机制与约束条件分析

"小尺度"创新样本。

4.1.3.2 产业生态圈构建

在全球碳中和目标驱动下,产业生态圈构建成为岛屿国家(地区)实现零碳化转型的核心内生动力。与单一技术创新或外部资源依赖不同,产业生态圈通过要素协同、价值循环与生态耦合,构建起自我强化的零碳发展体系。首先,产业生态圈通过要素整合优化零碳资源配置。岛屿的资源禀赋具有"小而精"特征,可再生能源、生态景观与特色物产构成零碳转型的基础要素。以马尔代夫为例,其"海岛生态——清洁能源——高端旅游"产业生态圈将珊瑚礁生态保护、太阳能开发与低碳酒店运营深度融合,形成资源互补的闭环系统。通过产业链上下游协同,岛屿可将分散的生物质能、潮汐能等资源转化为经济价值。如斐济的"甘蔗种植——生物质发电——有机肥料生产"链条,实现农业废弃物的能源化与资源化利用,降低全生命周期碳排放。其次,生态圈协同创新驱动零碳技术扩散与应用。岛屿产业集群通过"需求牵引——技术响应"机制加速创新迭代。例如,加勒比海岛国联盟建立的"蓝色经济创新网络",整合海洋能开发、生态修复与低碳航运技术,形成区域性协同创新平台。企业、科研机构与政府的跨界合作推动技术本地化适配,这种创新生态打破技术孤岛,促进零碳技术从实验室向产业化快速转化。最后,产业生态圈重构零碳经济价值链条。岛屿通过打造"零碳品牌——绿色消费——生态溢价"价值体系,将环境优势转化为竞争优势。冰岛依托地热能与纯净生态资源,构建"清洁电力——铝业加工——高端铝制品"高附加值产业链,其零碳铝产品在国际市场溢价达30%;马尔代夫的"碳中和度假村"认证体系,通过碳足迹核算与生态服务价值量化,吸引全球高端游客,形成环境效益与经济效益的双重增值;山东省长岛发展"零碳民宿",利用屋顶光伏与储能系统满足全年用能需求,游客碳足迹减少65%,带动人均消费增长30%,这种价值重构机制使零碳化成为岛屿经济增长的新引擎。综上所述,产业生态圈构建作为岛屿零碳化的内部动力,既克服了岛屿资源分散与市场狭小的限制,又为全球零碳转型提供了"小地域、大生态"的实践范式。

4.2 约束条件分析

海岛零碳发展是一项复杂的系统性工程,其推进过程始终受制于多维约束条件的动态博弈与交互作用。这些约束条件既包括自然系统的刚性阈值,也涉及经济社会系统的适应性边界,更体现在自然与人文系统的耦合冲突中。为系统揭示海岛零碳发展的约束机制,本节通过构建分析框架,从生态承载力、资源禀赋、气候风险等自然维度,以及融资体系、产业结构、物流网络等经济维度展开递进式分析。其中,自然条件约束构成发展的物理边界,经济条件约束则划定实践的操作空间,两者的协同作用共同塑造了海岛零碳转型的可行域。这一分析框架强调约束条件的层级性、关联性与动态性特征,既关注单项约束的阈值突破风险,更重视多约束协同作用下的系统脆弱性。引入"约束强度——响应能力"评估矩阵,可为后续路径优化提供差异化干预策略的理论依据,约束条件分析框架如图4-2所示。

图4-2 约束条件分析框架示意图

4.2.1 自然条件约束

4.2.1.1 生态承载力的脆弱性

海岛生态系统的脆弱性是制约其零碳发展的核心约束之一,这种脆弱性源于其独特的地理环境特征和生态系统结构。海岛生态系统作为一个相对独立的地理单元,其生态承载力表现出显著的特殊性和局限性。这种特殊性主要体现在生态系统结构简单、物种组成单一、生态链条短、生物量小等方面。由于空间的物理隔离,海岛与大陆之间的物种迁徙和基因交流受到严重限制,这种隔离效应不仅降低了物种的遗传多样性,也限制了生态系统应对环境变化的适应能力。

当生态系统遭受外界干扰时，物种补充和生态修复的难度显著增加，恢复周期漫长，且成本高昂。

海岛生态系统的承载力脆弱性表现在其对外界干扰的敏感性上。由于系统结构相对简单，关键物种一旦受到影响，极易引发连锁反应，使整个生态系统的功能紊乱甚至崩溃。例如，在珊瑚礁生态系统中，珊瑚作为关键物种，其健康状况直接影响着整个海洋生态系统的稳定性。气候变化导致的海水温度升高和酸化，可能引发珊瑚白化现象，进而影响依赖珊瑚礁生存的众多海洋生物，最终导致生态系统的整体退化。这种敏感性在零碳发展过程中显得尤为突出，因为能源基础设施的建设和运营不可避免地会对周围环境产生影响。

生态系统的阈值效应和时间滞后效应进一步加剧了其脆弱性。海岛生态系统往往存在多个关键阈值，一旦突破这些阈值，系统可能发生突变。这种非线性变化特征增加了生态系统管理的难度。同时，很多生态影响并不会立即显现，而是在一定时间后才会暴露。这种时间滞后效应增加了生态系统管理的复杂性，也提高了预测和评估的难度。例如，某些植物群落的退化可能在数年后才会显现，而一些长期累积的环境压力可能在达到某个临界点后突然爆发。

在零碳发展背景下，海岛生态系统的承载力面临着新的挑战。可再生能源设施的大规模建设不可避免地会对生态环境产生影响，这些影响可能通过多种途径传递和放大，最终超过生态系统的承载阈值。例如，风电场的建设可能影响鸟类的迁徙路线，太阳能电站的铺设可能破坏地表植被覆盖，这些改变都可能触发生态系统的连锁反应。因此，在推进零

第4章 中国海岛零碳化动力机制与约束条件分析

碳发展过程中，必须充分认识到海岛生态系统承载力的脆弱性，将生态影响评估作为项目决策的重要依据，确保发展过程中不会突破生态系统的承载极限。以涠洲岛为例，珊瑚礁覆盖率从2010年的42%降至2022年的18%，过度开发导致生态阈值突破，迫使当地压缩旅游接待规模30%。

4.2.1.2 资源禀赋的稀缺性

资源禀赋稀缺性作为海岛零碳发展的根本性约束，构成了一个复杂的多维度制约体系。海岛生态系统的封闭性与资源禀赋的有限性相互作用，形成了独特的资源约束模式。这种约束不仅表现为各类资源要素的物理短缺，更体现为资源系统的结构性失衡与功能性缺陷。这要求在认识论层面深化对资源系统的理解，在方法论层面创新资源治理模式，在实践层面构建更具韧性的资源保障体系。只有建立起适应零碳发展要求的现代资源治理体系，才能有效突破资源禀赋稀缺性的约束，实现海岛地区的可持续发展。

能源资源禀赋的局限性构成了最直接的约束。海岛地区由于地质构造特征，普遍缺乏化石能源储备，即使在周边海域存在油气资源，其开发也面临着技术、环境和经济多重挑战。这种传统能源资源的匮乏虽然为零碳转型提供了倒逼动力，但同时也限制了转型过程中的能源供应安全。可再生能源资源虽然具有一定禀赋优势，但其时空分布特征与能源需求模式之间存在显著错配。太阳能资源受季节性和天气条件影响显著，难以保证稳定供给；风能资源质量的空间异质性导致优质风能带分布局限；海洋能资源虽然理论储量丰富，但受限于技术瓶颈和经济性制约，实际可开发程度有限。

矿产资源体系的不完整性制约着产业转型。海岛地区普遍缺乏新能源产业发展所需的关键矿产资源，如锂、钴、镍等电池材料矿产，以及光伏产业所需的高纯硅材料原料。这种关键矿产的短缺不仅影响本地产业链的构建，还增加了外部依赖度。建筑材料矿产的匮乏直接推高了基础设施建设成本，而工业原料矿产的不足则限制了配套产业的发展。这种矿产资源结构的不完整性导致产业链难以形成良性循环，增加了零碳转型的系统性成本。

水资源系统表现出显著的脆弱性。海岛地区水资源禀赋不仅表现为总量不足，更主要的是质量与可获得性方面的制约。淡水资源系统受海水入侵威胁严重，地下水超采导致的盐渍化问题普遍存在。水资源的时空分布不均加剧了供需矛盾，而气候变化进一步增加了水资源系统的不确定性。这种水资源约束通过多重路径影响零碳发展，如直接制约可再生能源设施的运行维护，影响能源转换效率；间接限制产业规模和技术路线选择；潜在影响生态系统稳定性，加剧环境风险。

土地资源约束呈现出结构性特征。海岛可利用土地资源不仅面临总量限制，更存在质量与功能的多重约束。地形地貌条件限制了土地的可利用程度，而生态保护要求进一步压缩了开发空间。土地资源利用中的多重需求竞争加剧了资源配置的难度，能源设施建设用地与城市发展用地之间存在直接冲突，生态保护空间与产业发展空间的边界划定面临挑战，基础设施廊道与景观保护区域的空间重叠增加了规划难度。

资源禀赋稀缺性的系统影响体现在多个层面。经济层面

第4章 中国海岛零碳化动力机制与约束条件分析

上,资源约束直接影响成本结构和效益水平,规模效应难以实现导致单位成本居高不下;技术层面上,资源限制影响技术路线选择和创新方向,某些技术路径因资源约束而无法实施;社会层面上,资源分配的公平性问题日益突出,资源短缺导致的发展机会不均等可能引发社会矛盾。同时,海岛地区不得不高度依赖外部资源供应,这种依赖增加了供应链风险,而国际环境的不确定性进一步加剧了这种风险。

4.2.1.3 极端气候风险

极端天气与气候风险构成了海岛零碳发展的又一核心制约要素,其影响机制和作用路径呈现出显著的复杂性和系统性特征。全球变暖导致的气候系统失衡正在加剧极端天气事件的发生频率和强度,而海岛区域因其特殊的地理位置和环境特征,往往成为极端天气事件的首要受害者。这种脆弱性不仅体现在气象灾害的直接破坏方面,更深层次地影响着海岛零碳发展的整体进程。气候变化的长期趋势显示,海平面上升、气温升高、降水模式改变等气候变化表现正在重塑海岛的气候风险格局。海平面上升导致的海岸侵蚀加剧了海岛的地理脆弱性,气温升高则加速了生态系统的退化过程。这种基础性的气候变化趋势与极端天气事件的增加形成叠加效应,显著提高了海岛地区的气候风险水平。气候模型预测表明,在全球变暖背景下,热带气旋的强度将继续增加,极端降水事件的频率也将显著提高,这对海岛零碳基础设施的规划和建设提出了更高要求(来源于《全球气候推算——热带气旋》报告)。

海岛地区主要面临热带气旋、风暴潮、极端降水、持续干旱等多种极端天气威胁。热带气旋作为最具破坏性的极端天气类型，其影响机制极为复杂。强风效应可直接损毁可再生能源设施，而伴随的强降水则可能引发山体滑坡和洪涝灾害，进一步威胁能源基础设施的安全。风暴潮在热带气旋影响下的叠加效应尤其显著，其超预期的破坏力往往导致海岸防护设施失效，引发连锁灾害。极端降水事件则可能导致局地积水和山洪暴发，这不仅影响能源设施的正常运行，还可能造成输配电系统的瘫痪。持续干旱则主要通过影响水资源供给和生态系统稳定性，间接制约零碳能源系统的运行效率。不同类型的可再生能源设施表现出对极端天气的差异化敏感性。光伏发电系统易受强风和冰雹损坏，而大气污染和持续阴雨则显著降低其发电效率。风力发电设施在极端天气条件下面临结构安全风险，必须采取停机等保护措施，这直接影响能源供给的稳定性。海洋能发电设施更是直接暴露在恶劣海况中，其可靠性和耐久性面临严峻考验。储能系统同样面临极端温度、湿度和盐雾的影响，这些环境因素可能加速设备劣化，降低系统性能。输配电网络的脆弱性构成了另一个关键问题。极端天气条件下，输配电线路特别是跨海电力通道面临着多重威胁。强风可能导致架空线路摇摆和断裂，雷电则增加了设备击穿风险，而盐雾腐蚀则加速了设施老化。这种传输网络的脆弱性直接影响着能源系统的可靠性，而在海岛这种相对封闭的能源系统中，网络故障的影响更为显著。2023年"杜苏芮"台风导致东山岛风机损毁率15%，直接经济损失超2亿元，暴露抗灾设计标准不足问题。

海岛空间规划必须充分整合极端天气风险因素。能源设施的选址必须充分考虑地形、海况等自然条件，避开高风险区域。然而，海岛空间资源的稀缺性往往限制了选址的灵活性，这就要求在工程设计和防护措施上投入更多资源。同时，分布式能源系统的布局也需要考虑极端天气的影响，通过空间优化提高系统韧性。极端天气与气候风险对海岛零碳发展构成了动态演变的约束体系。这种约束不仅体现在物理层面的破坏风险，还通过影响投资决策、运营成本、系统可靠性等多个方面，塑造着海岛零碳转型的路径选择。因此，有效应对极端天气与气候风险，需要建立系统化的风险评估和管理体系，将气候适应性纳入发展规划的各个环节。

4.2.2　经济条件约束

零碳海岛建设过程中，经济条件是决定其可行性和可持续性的关键因素。本节将从融资渠道单一、产业结构失衡和物流成本高三个方面，系统分析经济条件对零碳海岛建设的约束影响，为后续政策制定和实践推进提供理论支撑。

4.2.2.1　融资渠道单一

零碳海岛的建设需要大量的初始投资，包括基础设施的建设和技术的更新，这对资源较为有限的海岛而言是一个巨大的挑战。可再生能源设施如风电场、太阳能电站及储能系统的建设需要高额的资金支持，然而，由于许多海岛地区经济发展水平较低，地方财政收入不足，无法支撑这样的高额建设成本。社会资本的引入也受到了收益周期长、不确定性高的影响，导致融资困难加剧。因此，基础设施投资规模与资金回收周期的矛盾构成了最基本的经济制约因素。

资金来源的多元化困境体现了融资体系的结构性缺陷。海岛地方政府在财政收入结构上主要依赖旅游业、渔业等传统产业，这些产业的收入具有季节性波动大、增长潜力有限的特点。旅游业收入受气候条件、节假日分布、市场偏好等多重因素影响，年际波动显著。渔业收入则受渔业资源状况、捕捞配额、市场价格等因素影响，增长空间受限。这种收入结构导致地方政府难以建立稳定的投资资金来源。社会资本进入面临的障碍更为复杂，一是项目收益的不确定性，可再生能源发电量受气象条件影响显著，年发电量变化较大，这种波动直接影响项目收益；二是政策风险，补贴政策的调整、电价机制的变化都会影响项目的经济性；三是技术风险，新技术的应用可能面临运行不稳定、维护成本超预期等问题；四是自然灾害风险，台风、风暴潮等极端天气可能造成设备损坏。这些风险因素提高了项目的风险溢价，使社会资本要求较高的投资回报率，大大增加了项目的融资成本。

4.2.2.2 产业结构失衡

许多海岛的经济依赖传统产业，如渔业、农业和旅游业，这使产业结构较为单一，经济抗风险能力较弱。由于这些传统产业的碳排放普遍较高，与零碳目标之间存在一定矛盾。转型升级所需的技术支持和资金投入较大，短期内难以实现快速转型。因此，缺乏多元化的产业支撑，使整体经济发展模式对环境产生较强依赖，这对于推动零碳建设来说是一个重大障碍。

第4章 中国海岛零碳化动力机制与约束条件分析

传统渔业作为海岛经济的支柱产业,其发展模式存在显著的结构性局限。现有捕捞业态呈现出高度固化的特征,近海捕捞占比过高,而深远海捕捞能力严重不足,这种失衡的捕捞结构导致近海渔业资源快速衰退。同时,季节性集中捕捞形成了"旺季过度捕捞、淡季捕捞能力闲置"的非理性局面,传统捕捞方式的资源利用率远低于国际先进水平。这种低效的资源利用模式不仅加剧了渔业资源的衰退,也严重制约了产业的可持续发展能力。旅游业作为海岛第二大支柱产业,同样面临着深层次的结构性问题。旅游产品高度同质化,观光旅游占据主要旅游收入,而休闲度假、康养旅游、文化体验等高端旅游产品供给严重不足。旅游设施重复建设现象普遍,导致旺季和淡季酒店入住率极端不均衡。旅游服务体系不完善,表现为旅游从业人员专业素质不高,持证上岗率低,配套服务设施如医疗、购物、娱乐等严重滞后。智慧旅游建设落后,信息化服务水平低下,这些问题严重影响了旅游服务质量和游客体验,制约了旅游业的转型升级。农业发展面临的制约因素同样根深蒂固。耕作制度落后,以粗放式种植为主,农业机械化程度低,小型农机具占据主导地位。农业科技应用滞后,新品种、新技术推广率低,农业科技贡献率远低于发达地区。农业产业化水平低下,产业化组织覆盖率不足,农产品加工转化率低,产销对接机制不健全导致农产品流通环节损耗率高。这种落后的农业生产方式严重制约了农业产业链的延伸和价值提升。

新兴产业发展面临的障碍更为严峻。创新资源严重匮乏,研发投入强度低,省级以上重点实验室、工程技术研究中心等创新平台数量稀少。科技人员数量远低于发达地区水平。科技成果转化率低，产学研合作平台缺乏，知识产权保护体系不完善，严重影响创新积极性。配套企业数量不足，关键零部件、原材料等配套产品主要依赖外部采购，本地配套率低。专业化的技术服务、检测认证、市场营销等服务机构匮乏，现代物流设施不足，这些问题共同构成了新兴产业发展的制约因素。

4.2.2.3 运输和物流成本高

海岛的地理隔离特性导致运输和物流成本较高，这直接影响能源和物资的供应。例如，运输可再生能源设备和施工材料需要依靠船运或空运，增加了建设成本，也对项目的经济可行性提出了更高要求。日常生活物资的高运输成本导致整体运营开销增加，这些都成为推动零碳海岛建设的经济约束因素，使其举步维艰。

海岛交通运输基础设施的系统性缺陷构成了物流成本攀升的根本性原因。从对外连接通道来看，目前海岛与大陆间的交通方式呈现出显著的结构性失衡。水路运输仍然是主导方式，但其发展存在明显问题。现有码头泊位结构不合理，难以满足大型船舶停靠需求，特别是千吨级以上泊位占比仍然较低，整体港口吞吐能力受限。中小型码头分布散乱，集约化程度低，单个码头的年通过能力普遍较低，配套设施落后，自动化装卸设备的使用比例不高，导致效率低下。航道条件也存在明显制约，部分航道因水深限制无法全天候通行大型船舶，加之航道维护投入不足，通航条件持续恶化，严重影响运输效率。跨海大桥虽然在部分条件较好的海岛建成，但由于投资规模庞大，造价远高于普通公路桥梁，使收费标准居高不下,实际使用率不足。机场建设受到用地限制和气候影响,目前仅有少部分海岛建有机场,且多为小型机场,航线网络覆盖有限,货运设施配套不足,无法满足规模化货运需求。受极端天气影响,海岛机场全年可用天数普遍低于300天,这进一步限制了空运效能的发挥。

内部交通网络同样存在严重短板。海岛的公路密度仅为内地的40%,且二级及以上公路的比例较低,路网结构性缺陷明显,这种落后的路网条件增加了岛内物流的运输成本。交通枢纽布局不合理,物流节点分布零散,多式联运设施严重缺乏,各种运输方式之间的衔接不畅,导致中转环节增多,操作成本上升。同时,智能交通系统建设滞后,信息化水平低,智能化设施配置不足,无法对运输车辆和货物流向进行实时监控和优化调度,交通管理效率低下。路网养护维修投入不足,路面质量普遍较差,车辆运行成本和维修费用居高不下,这些问题共同构成了物流基础设施层面的制约。

运输市场结构失衡问题是成本攀升的关键驱动因素。目前海岛运输市场呈现出"小、散、弱"的特点。运输企业数量众多但规模普遍偏小,难以形成规模效应。市场集中度低,企业普遍以传统运输为主,现代物流服务能力不足,增值服务开发滞后。运力结构同样不合理,大型运输船舶的比例偏低,无法满足规模化运输需求。同时,运输线路重复建设现象严重,主要航线重复率较高,导致运力浪费和价格竞争的无序化。运价波动幅度大,缺乏稳定性,淡旺季价差明显,加剧了物流成本的不确定性。运输企业还面临融资困难的问题,银行贷款利率普遍高于内地同类企业,融资成本较高，经营压力进一步加剧。行业准入门槛低，新进入企业服务质量参差不齐，市场秩序难以规范。

季节性波动对海岛物流系统造成了显著冲击。受气候条件影响，海岛运输呈现出明显的季节性特征。台风季节航运中断频繁，平均中断时间长达数十天，这期间物流成本上涨显著。旅游旺季时客货运输需求剧增，货运运力被挤占，导致货运价格显著上涨。根据相关调研数据显示，旅游旺季期间海岛物流成本平均上升30%—50%，对岛内产业发展构成显著压力。冬季受寒潮影响，小型船舶航行受限，运输效率下降明显。季节性劳动力短缺问题尤为突出，旺季用工成本较淡季大幅上升。此外，仓储设施的利用率波动大，旺季接近饱和，而淡季却处于较低水平，这种波动严重影响了设施投资效益。能源储备和冷链物流需求同样受季节性差异影响显著，企业不得不预留大量备用运力和设施，增加了运营成本。

信息化与标准化水平滞后同样制约了物流效率的提升。物流信息系统的普及率较低，运输主体间的信息共享和数据互通率不足，物联网应用率偏低。货物包装标准化率和集装箱使用率较低，增加了装卸搬运成本。物流条码和RFID的普及率偏低，智能仓储设备配置不足，库存管理效率低下。大数据分析能力薄弱，企业缺乏精准预测和优化决策的能力，这些都显著影响了物流操作效率并增加了成本。

运输方式局限性也制约了物流网络优化。海岛运输方式单一，水路运输占比过高，难以形成多式联运体系。铁路运输缺失，跨海铁路投资规模巨大，短期内难以实现。航空货运能力有限，管道运输滞后，仅有少数能源管道投入使用，各种运输方式之间的转运设施不足,换装效率低下,中转时间延长。这些运输方式的局限性严重影响了物流网络的优化升级,制约了综合运输体系的形成。

4.2.3 技术条件约束

4.2.3.1 技术适应性不足

海岛特殊的自然和地理环境对技术适应性提出严峻挑战。传统的风力发电和光伏组件在高盐、高湿、强风的海岛环境下容易遭受腐蚀,导致设备效率与寿命下降,直接影响发电能力。此外,储能系统和智能微电网技术也面临适应性问题,使得可再生能源无法稳定供应和高效利用。因此,研发能适应极端环境的新型清洁能源技术至关重要。在对海岛零碳发展的技术适应性进行深入分析之前,需要明确指出技术适应性问题是海岛零碳转型的核心瓶颈之一。海岛环境具有高盐、高湿、强风、温差大等极端特征,这些特殊环境因素对各类零碳技术的应用提出了前所未有的挑战。技术适应性不足直接影响到能源系统的可靠性、经济性和可持续性,需要从材料、设备、系统等多个层面进行系统性分析与创新突破。

可再生能源发电设备的环境适应性挑战涉及多层次的技术难点。从材料设计角度,海洋环境中的氯离子会加速金属材料的电化学腐蚀过程,特别是在氧气充足、温度较高的条件下,腐蚀速率显著提升。在风力发电机组中,塔架结构采用的碳钢材料在盐雾环境下极易发生点蚀和缝隙腐蚀,防腐涂层的结合强度和耐久性难以满足20年以上的服役要求;

叶片复合材料在紫外辐射和盐雾的协同作用下加速老化，树脂基体发生降解，纤维增强体与基体的界面结合强度下降，导致叶片承载能力逐渐减弱；轮毂轴承在高盐环境下润滑失效风险提高，轴承钢的疲劳寿命显著缩短；在光伏组件方面，电池片封装材料 EVA 在高温高湿条件下加速黄变，透光率降低直接影响发电效率；背板材料在盐雾环境中容易产生微裂纹，导致水汽渗透加速电池片腐蚀；此外，接线盒等配件的密封性能在温度交变作用下容易失效，引起组件绝缘性能下降。

从结构设计角度，海岛极端气候对设备可靠性提出更严格要求。风电机组需要更高强度的支撑结构以应对台风等极端天气，但增加结构强度往往意味着造价上升和施工难度加大；光伏支架系统需要特殊的抗风设计，常规的压块固定方式在强风条件下存在安全隐患；支架防腐设计通常采用热浸镀锌处理，但在海洋环境下使用寿命仍显不足；此外，海岛地区昼夜温差大导致设备频繁热胀冷缩，对结构连接可靠性造成额外考验。

从系统集成角度，海岛可再生能源发电面临独特的技术挑战。风电机组的控制系统需要更精确的风况预测能力，以应对海岛复杂的风场环境；传统的风速风向测量装置在盐雾环境下测量精度容易下降，影响机组的运行效率；光伏系统需要更智能的 MPPT 控制策略，以适应海岛阴影遮挡频繁变化的特点；逆变器等功率转换设备需要更可靠的散热设计，同时还要考虑防盐雾腐蚀，这些要求往往相互制约；此外，海岛电网容量有限，对并网设备的电能质量要求更高，需要更先进的并网控制技术。

第4章 中国海岛零碳化动力机制与约束条件分析

能源存储系统的技术适应性涉及更复杂的挑战。电化学储能技术在海岛环境下面临多重考验：电解液在高温环境下加速挥发，影响电池容量；隔膜材料在潮湿环境下性能衰减，增加内短路风险；电极材料在温度剧烈变化下易产生应力开裂，加速容量衰减。锂离子电池需要精确的温度管理系统，但海岛环境下的制冷系统效率往往较低，增加了运营成本。此外，电池管理系统需要更复杂的均衡策略和安全保护算法，以应对海岛恶劣环境下的电池一致性问题。从系统层面，储能装置需要更可靠的防护设计，包括防盐雾、防凝露、防振动等多重要求，这些防护措施往往会降低系统效率并提高成本。液流电池技术虽然具有寿命长、安全性高的优势，但在海岛应用中同样面临挑战。电解液在高温环境下稳定性下降，膜材料在盐雾环境中加速老化，泵等辅助设备的可靠性也需要提高。压缩空气储能系统在海岛应用中受储气容器腐蚀、压缩机可靠性等因素制约，且系统效率普遍偏低。飞轮储能虽然循环寿命长，但在海岛环境下轴承系统可靠性难以保证，且造价较高限制了推广应用。

智能微电网技术在海岛应用中面临系统性挑战。能源管理系统需要更复杂的优化算法，以平衡多种能源形式、多类型负荷的动态需求。负荷预测算法需要考虑海岛气候、旅游季节等特殊因素的影响，提高预测精度。电能质量控制面临更大难度，需要应对可再生能源出力波动、负荷突变等多种情况。系统保护需要更灵敏的故障检测能力，同时还要避免误动作。此外，通信系统在恶劣天气下可靠性难以保证，需要开发更稳定的通信方案。变流器等核心设备的适应性同样值得关注。IGBT 模块在高温高湿环境下可靠性降低，散热系统效率受限。驱动电路需要更高等级的防护设计，增加了系统复杂度。此外，控制算法需要针对海岛电网特点优化，提高系统动态响应能力。功率器件的选型需要在效率和可靠性之间权衡，往往需要一定程度的降额设计。

监测与控制技术的适应性问题需要系统性解决方案。传感器设备在海岛环境下可靠性普遍较低，需要开发耐盐雾、防潮湿的新型传感器。数据采集系统需要更可靠的防护设计，同时还要保证采集精度。通信系统需要应对海岛强电磁干扰环境，开发抗干扰能力强的传输方案。此外，控制系统算法需要基于海岛实际运行数据优化，提高模型精度和控制效果。基础设施配套技术的适应性同样至关重要。变压器等关键设备需要采用更可靠的防护方案，如密封设计、防凝露装置等。电缆系统需要适应海岛环境，选用耐候性更好的材料。此外，检修维护设施需要考虑海岛交通不便的特点，开发更便携、更实用的检修工具和方法。

海岛零碳发展面临的技术适应性挑战具有系统性和复杂性特征。这些挑战不仅体现在单个技术环节，更体现在系统集成与协同运行层面。材料性能不足、设备可靠性较低、系统效率偏低等问题相互交织，形成了技术发展的多重约束。解决这些技术适应性问题需要在基础研究、工程应用和系统创新等方面持续发力，开发更适应海岛极端环境的新材料、新工艺和新系统。同时，还需要充分考虑海岛能源系统的特殊性，在技术方案选择时注重可靠性、经济性和可持续性的统筹平衡。只有突破关键技术瓶颈、提升系统整体适应性，才能为海岛零碳发展提供坚实的技术支撑。

4.2.3.2 技术人才匮乏

海岛地区因地理隔离，技术人才引入和保留面临困境，尤其在能源技术、信息技术等关键领域。缺乏合格的专业人员限制了新技术引入、应用及维护能力。因此，制定吸引和培养技术人才的激励措施是促进零碳技术应用的必然选择。

就业市场结构性失衡是海岛技术人才短缺的根本性问题。零碳技术领域存在显著的人才供需错配现象，一方面是企业对高端技术人才的迫切需求，另一方面却是本地人才培养体系无法及时响应市场需求的现状。这种结构性失衡具体表现在专业设置与产业需求脱节、人才质量与岗位要求不匹配等方面。特别是在新能源技术、智能电网、储能系统等前沿领域，人才供给严重滞后于技术发展和市场需求。这种供需失衡导致企业不得不付出高昂成本从外部招揽人才，而这些外部引进人才又往往难以适应海岛环境而流失，形成恶性循环。

从技术创新路径依赖角度分析，海岛地区长期形成的传统技术路径对零碳技术人才发展产生了锁定效应。传统能源技术体系下培养的技术人才在知识结构、技能体系、思维模式等方面与零碳技术要求存在较大差异。这种路径依赖不仅体现在人才知识更新滞后，更深层次反映了整个技术创新体系的惯性。突破这种路径依赖需要系统性变革，包括教育培训体系重构、技术创新模式转型等，这给海岛地区带来了巨大挑战。

技术知识溢出效应在海岛地区也难以有效发挥。由于产业集聚度不足，企业间技术人才交流与合作机会有限，难以形成知识溢出的集聚效应。同时，产学研协同创新体系不完善，科研院所与企业之间存在"科技孤岛"现象，制约了技术知识的扩散与共享。这种知识溢出机制的缺失，不仅影响了技术创新效率，也降低了技术人才的学习机会和能力提升空间。

人才梯队建设的系统性不足是另一个深层次问题。海岛地区普遍缺乏完整的技术人才培养体系，从基础教育到高等教育，再到职业培训，各个环节都存在断层。特别是在零碳技术领域，既缺乏高层次领军人才，也缺乏技能型实用人才，人才结构的金字塔形态难以形成。这种人才梯队建设的不足，严重影响了技术创新的持续性和稳定性。

创新文化与制度环境建设滞后也制约了技术人才发展。海岛地区普遍缺乏浓厚的创新文化氛围，对失败的包容度不够，创新激励机制不完善。同时，知识产权保护体系不健全，技术成果转化机制不畅，这些制度性障碍降低了技术人才的创新积极性。此外，科技金融服务体系不完善，创新创业支持政策执行效果不佳，也影响了技术人才的创业热情。

从国际竞争力角度看，海岛地区技术人才的国际化水平普遍偏低。在全球化背景下，技术创新越来越依赖国际合作与交流，但海岛技术人才的国际视野、跨文化交流能力、国际规则认知等方面都存在明显短板。这种国际化程度不足，限制了技术人才参与国际竞争与合作的能力，影响了技术创新的国际化发展。

4.2.4 社会条件约束

4.2.4.1 公众环保意识不足

海岛居民对零碳理念和可持续发展的认知普遍不足已成为海岛零碳化的重要制约因素之一。公众环保意识不足主要会影响岛屿零碳化政策的有效执行、阻碍岛屿零碳化技术的推广与应用、干扰岛屿零碳化资源的合理调配。

公众环保意识不足影响岛屿零碳化政策的有效执行。一方面，政策认同感低导致执行阻力大。岛屿零碳化的实现依赖于一系列政策的制定与实施，如能源结构调整政策、碳排放限制政策等。当公众环保意识不足时，对这些政策的认同感较低。他们难以理解政策背后的环境意义和长远价值，容易将政策视为对自身生活和经济利益的限制。例如，在推行限制燃油车使用、鼓励新能源交通工具的政策时，居民可能因习惯、便利性或成本等因素，对政策产生抵触情绪，拒绝配合执行，从而增加了政策落地的难度，阻碍了岛屿能源结构向零碳化方向转型。另一方面，缺乏监督与反馈影响政策优化。公众是政策执行效果的直接感受者，其监督和反馈对于政策的优化和完善至关重要。环保意识不足的公众往往缺乏主动监督政策执行情况的意识，无法及时发现政策在实施过程中存在的问题。同时，也不愿意积极向相关部门反馈意见，导致政策制定者难以获取真实的执行效果信息，无法根据实际情况对政策进行调整和改进，使得零碳化政策难以发挥最大效能。

公众环保意识不足阻碍岛屿零碳化技术的推广与应用。

一方面，对新技术接受度低。零碳化技术的推广是岛屿实现零碳化的关键环节。但环保意识不足的公众对零碳化技术，如太阳能、风能发电技术、新型环保建筑技术等，存在认知盲区和抵触心理。他们对新技术的可靠性、稳定性存在疑虑，担心新技术会影响生活质量或带来额外成本。例如，在推广家庭太阳能发电设备时，居民可能因对设备的使用寿命、发电效率不了解，以及初期安装成本较高等因素，拒绝使用，导致新能源技术难以在岛屿上广泛应用，延缓了岛屿能源零碳化的步伐。另一方面，缺乏参与技术创新的动力。公众的积极参与和反馈能够为零碳化技术的创新提供方向和动力。然而，环保意识不足使得公众对参与技术创新缺乏热情，无法为企业和科研机构提供实际需求和应用场景的信息。这导致零碳化技术的研发与岛屿实际需求脱节，难以开发出更适合岛屿特点和居民需求的技术，限制了零碳化技术在岛屿上的推广和创新发展。

公众环保意识不足干扰岛屿零碳化资源的合理调配。一方面，环保意识不足导致资源浪费现象严重。环保意识不足的公众在日常生活中往往缺乏节约资源的意识，存在过度消费和资源浪费的现象。在岛屿资源相对有限的情况下，这种行为加剧了资源紧张的局面。例如，水资源浪费、能源过度消耗等问题，不仅增加了岛屿的碳排放，也使得用于零碳化建设的资源被不合理占用，影响了零碳化项目的推进和实施。另一方面，不利于形成可持续的消费模式。可持续的消费模式是岛屿零碳化的重要支撑。但公众环保意识不足，使其在消费过程中更注重产品的价格和短期利益，忽视产品的环保属性和全生命周期的碳排放。这种消费模式不利于环保产业的发展，也无法形成对零碳化产品和服务的市场需求，使岛屿零碳化产业缺乏市场动力，难以实现规模化和产业化发展。

4.2.4.2 传统文化和生活方式的影响

很多海岛居民依赖传统的生活方式，如渔业和高能耗的日常活动，这与低碳转型之间存在显著矛盾。渔业的过分依赖使得居民采取措施扩展生产而不顾及生态保护。此外，传统建筑和能源使用方式使快速向绿色模式转变非常困难。传统文化和生活方式构成了零碳海岛建设过程中一个根深蒂固的社会约束条件，这种约束不仅表现在表层的行为模式上，更深层次地影响着海岛社会的价值观念和发展路径。

海岛社会长期形成的传统生产方式对零碳转型构成了显著制约。渔业作为海岛传统的支柱产业，已经深深植根于当地居民的生产生活体系中。这种传统渔业生产模式具有明显的高能耗、高污染特征，主要表现在渔船燃料消耗大、捕捞设备能效低下等方面。以传统渔船为例，单位产出的碳排放量可能是现代高效渔船的数倍，而设备更新改造的资金压力和传统操作习惯的惯性又阻碍了节能减排技术的采用。更为重要的是，传统渔业生产形成的思维定式使得渔民普遍持有"大船大网、多捕多得"的观念，这种扩张性的生产理念与生态保护和零碳发展形成了本质性矛盾。特别是在渔业机械化程度提高的背景下，能源消耗呈现出上升趋势。渔民在生产过程中往往更关注短期经济效益，对环境成本缺乏足够重视。这种传统生产方式不仅直接增加了碳排放，还在一定程度上损害了海洋生态系统的自我修复能力，形成了负向的生态循环。同时，渔业生产的季节性特征还导致了能源使用的不均衡，在捕捞季节能源消耗激增，这种波动性增加了能源系统优化的难度。此外，传统渔业生产还衍生出一系列相关产业，如水产品加工、冷藏运输等，这些配套产业同样具有较高的能耗特征，构成了零碳转型的又一障碍。

传统建筑风格和居住习惯也对零碳建设形成了显著制约。海岛传统建筑普遍具有通风性好、采光充足的特点，这些特征在过去的自然条件下具有较强的适应性。然而，随着现代生活水平的提高和舒适度要求的提升，传统建筑的能源效率问题日益凸显。具体而言，传统建筑的保温隔热性能较差，在寒冷或炎热季节往往需要消耗更多能源来维持室内温度。同时，传统建筑材料的选择也往往缺乏节能考虑，这直接影响着建筑的整体能耗水平。更为关键的是，居民对传统建筑风格具有深厚的情感依附，这种文化认同使得建筑节能改造面临较大阻力。特别是在一些具有历史文化价值的建筑群中，节能改造还需要考虑文化保护的要求，这进一步增加了技术实施的难度。此外，传统的居住习惯也往往与现代节能理念存在冲突，例如全天候开窗通风、夏季低温空调等习惯，这些行为模式的改变需要较长的适应期。

能源使用习惯是另一个重要的制约因素。海岛居民长期形成的能源消费模式具有明显的粗放特征，这种特征既源于能源价格相对低廉的历史原因，也与传统生活方式密切相关。在日常生活中，居民往往习惯于使用传统的高能耗电器，对节能产品的接受度较低。这种消费习惯不仅表现在设备选择上，更体现在使用方式上，如长时间待机、频繁开关等行为。同时，能源使用的社会文化属性也不容忽视，在某些场合，高能耗往往被视为生活水平提高的象征，这种消费观念与节能减排的要求形成了明显矛盾。特别是在一些传统节日和重要社交活动中，过度用能现象较为普遍，这种文化传统的影响力不容忽视。此外，传统的能源使用方式还往往缺乏系统性和计划性，这种随意性增加了能源管理的难度。

饮食文化传统对零碳建设也构成了重要影响。海岛地区的饮食特点往往与高能耗的烹饪方式相关，特别是在水产品加工过程中，传统工艺往往需要消耗大量能源。同时，饮食文化中的浪费现象也不容忽视，例如过量采购、过度烹饪等现象在节日期间尤为明显。更为重要的是，某些传统美食的制作工艺本身就具有高能耗特征，这些美食既是地方特色的重要组成部分，也是旅游产业的重要支撑，这使相关能耗难以大幅削减。此外，餐饮行业的经营方式也往往受传统观念影响，对节能设备的更新改造积极性不高。

社交方式和休闲活动的传统同样影响着零碳转型。海岛社会的传统社交活动往往与能源消耗密切相关，如篝火晚会、露天烧烤等活动在旅游旺季尤为普遍。这些活动不仅直接消耗能源，还在一定程度上强化了高能耗的生活方式。同时，传统的休闲娱乐方式也往往缺乏节能意识，如夜间广场舞、全天候营业的娱乐场所等，这些活动模式的改变需要较长时间的社会适应。特别是在旅游开发过程中，为了迎合游客需求，某些高能耗的娱乐项目被不断强化，这与零碳发展的目标形成了矛盾。

婚丧嫁娶等重要人生仪式的传统也影响着能源消费模式。这些仪式性活动往往伴随着大量的能源消耗，如灯光装饰、空调使用等。更重要的是，这些仪式所承载的社会意义使其形式难以简化，能源节约的空间较为有限。同时，仪式活动的社会示范效应也不容忽视，铺张浪费往往被视为体面的象征，这种社会心理与节能减排的要求形成了矛盾。

4.2.4.3 人口流动性强

海岛的人口常常面临严重的流动性问题，尤其是年轻人口的外流，加剧了对技术、资金及资源长期集中的挑战。这种流动性削弱了居民留在海岛上的意愿，也影响了零碳项目的长期承接能力，对于一个正在发展零碳项目的海岛，这是一个巨大的约束，这种约束不仅表现在人口数量的变动上，更深层次地影响着海岛社会的稳定性与可持续发展能力。

海岛地区的人口流动性强具有显著的结构性特征。青年人口的持续外流构成了最为突出的表现形式，这种外流不仅带来了人口数量的减少，更造成了人口年龄结构的失衡。具体而言，18—35岁的青壮年群体是人口流失的主体，这个年龄段恰恰是人力资源的黄金期，其大规模外流直接导致了海岛人力资本的严重流失。根据某些岛屿地区的人口统计数据，这一年龄段的人口外流率每年可高达5%—10%，远高于全国平均水平。这种人口流失呈现出明显的选择性特征，即受教育程度较高、专业技能较强的群体更容易选择离开。这种选择性流失进一步加剧了海岛人才匮乏的问题，形成了恶性循环。同时，人口的高流动性还表现在季节性和临时性流动上，许多劳动力在旅游旺季短期涌入，而在淡季则大量流出，这种不稳定的人口结构严重影响了海岛社会的稳定性。更为严重的是，流动人口与本地居民之间往往存在文化差异和利益冲突，这种社会关系的不稳定性进一步加剧了社

第4章 中国海岛零碳化动力机制与约束条件分析

区治理的难度。

人口流动性强对零碳海岛建设的技术承接能力产生了深远影响。首先体现在技术人才的持续流失，具有专业背景的技术人员往往倾向于选择更具发展前景的城市地区，这直接导致了海岛在零碳技术应用和维护方面的能力不足。特别是在新能源技术、智能电网、节能建筑等领域，专业人才的缺失严重制约了相关项目的实施效果。其次，人口的高流动性使技术培训和经验积累难以实现持续性，即使开展了相关的技术培训，受训人员也可能很快流失，导致培训效果大打折扣。更为关键的是，技术知识的传承和创新也因人口流动而受到影响，本土化的技术创新难以形成，这直接影响了零碳技术的本地适应性。此外，人口流动还导致了技术管理体系的不稳定，管理人员的频繁更替使技术体系难以实现连续性和系统性，这对于需要长期积累和持续优化的零碳技术系统来说是一个重大挑战。

在经济资本层面，人口流动性强对零碳海岛建设的影响同样深远。首先表现为投资意愿的降低，由于人口的不稳定性，投资者往往对海岛地区的长期投资持谨慎态度，这直接影响了零碳项目所需的资金支持。特别是那些需要较长投资回报周期的项目，更容易受到人口流动性的影响。其次，人口流动导致的消费需求波动也影响着经济结构的稳定性，这种不稳定性进一步增加了零碳转型的难度。更深层次的影响在于，人口流动性强导致的经济结构单一化趋势，使海岛经济对传统产业的依赖程度加深，这与零碳发展的要求形成了明显矛盾。同时，人口流动还影响着土地资源的利用效率，空置房屋增多、土地利用粗放等问题进一步加剧了资源浪费，这与零碳建设的理念背道而驰。

社会关系网络的断裂是人口流动性强带来的另一个重要影响。传统的社会关系网络在人口频繁流动中逐渐瓦解，这种社会关系的断裂直接影响着社区的凝聚力和自组织能力。具体而言，邻里关系的疏离导致了社区互助传统的衰落，这种互助机制的缺失不仅影响着日常生活，还降低了社区在面对环境问题时的集体行动能力。同时，人口流动还导致了社区文化的断层，传统文化和本土知识的传承受到严重影响，这种文化断层不仅影响着社区认同感的形成，还可能导致与环境相关的传统智慧的丢失。更为重要的是，社会网络的断裂还影响着信息的传递和知识的共享，这对于需要广泛社会参与的零碳建设来说是一个严重的障碍。

政策执行的连续性也受到人口流动性强的严重影响。首先，政策对象具有不稳定性，频繁的人口变动使得政策目标群体难以固定，这直接影响了政策实施的效果。其次，人口流动导致的社区参与度低下也影响着政策的民主性和科学性，政策制定过程中难以充分听取社区意见，这可能导致政策与实际需求之间存在偏差。更为关键的是，政策执行的监督和评估也因人口流动而变得困难，这不仅影响着政策效果的评估，还可能导致在政策执行过程中出现偏差时得不到及时纠正。同时，人口流动还影响着政策的长期性和系统性，政策的持续推进往往因为执行主体的变动而受到影响。

环境意识的培育也面临着严峻挑战。人口的高流动性使环境教育和意识培养难以形成持续性，即使开展了相关的教育活动，其效果也往往因为人口流动而大打折扣。特别是对于需要长期坚持的低碳生活方式，人口的频繁更替使相关习惯难以形成和固化。同时，流动人口往往缺乏对当地环境的深入了解和情感联系，这种认知缺失直接影响着其环保行为的积极性。更为重要的是，人口流动还影响着环境保护经验的积累和传承，这种经验断层可能导致环境问题的重复发生。

人口流动性强对零碳海岛建设形成了多层次、多维度的社会约束。这些约束不仅体现在直接的人口数量变动上，更深层次地影响着技术承接、经济发展、社会网络、政策执行、环境意识和社区认同等多个方面。这种系统性的影响使零碳海岛建设面临着复杂的社会挑战，需要在充分认识这些约束的基础上，采取系统性的应对策略。

4.2.4.4 利益分配与社会公平问题

在零碳建设过程中，土地征用、资源分配等问题常引发社区或群体之间的利益冲突。例如，岛屿可能需要征用土地用于清洁能源项目，这可能影响现存的农业生产。未能妥善管理利益分配或没有合理补偿机制可能导致社会矛盾的显著加剧。利益分配与社会公平问题构成零碳岛屿建设中最为关键的社会条件。这一问题涵盖了多层次的社会利益关系重构与平衡机制的建立。

土地资源配置的公平性问题是零碳岛屿建设中第一个利益分配议题。在零碳转型过程中，清洁能源设施建设需要大规模土地资源投入，这不可避免会引发土地权益的重新分配。传统农业用地被征用时，农民的生产生活方式被迫改变，其经济收益和生计保障面临挑战。工业用地的调整过程中，原有企业的资产重组和劳动力安置问题凸显。居民用地的征收则涉及居住权保障和社会稳定。这种土地利用方式的转变不仅影响个体经济利益，更深层次地触及了社会群体间的利益格局。土地补偿标准的确定需要考虑土地的现有价值、未来增值潜力以及被征地者的长远生计保障。安置方案的制定则需要平衡住房保障、就业机会、社会福利等多重需求。此外，新建项目用地与生态保护用地之间的平衡，也关系到代际公平和可持续发展。

产业转型过程中的经济利益再分配构成第二个核心议题。传统高碳产业在转型压力下面临结构调整，从业人员的收入水平和就业稳定性受到影响。这种影响具有显著的差异性，技能层次较低、适应能力较弱的群体往往承受更大冲击。例如，传统渔业从业者在转型过程中，由于教育水平和技能局限，可能难以适应新型产业对人才的要求。新兴低碳产业带来的经济增长红利如何在社会各阶层间实现合理分配，直接关系到社会公平与稳定。产业链上下游企业之间的利益协调，大中小企业间的机会公平，都需要建立科学的利益分享机制。政府补贴、税收优惠等支持政策的分配也应当遵循公平原则，避免利益向特定群体过度集中。同时，产业转型带来的成本负担应当在全社会范围内合理分摊，建立健全社会保障体系，为弱势群体提供必要支持。

能源服务的可及性与公平性是第三个重要维度。清洁能源基础设施的布局需要确保社会各群体能够公平获取能源服务。城乡之间、不同收入群体之间的能源服务差距应当得到有效缩小。能源价格的制定需要平衡经济效率与社会公平，建立合理的阶梯价格制度和补贴机制，保障低收入群体的基本能源需求。分布式能源系统的推广应当注重普惠性，使更多社会成员能够参与能源生产和收益分享。此外，能源基础设施建设过程中的环境影响和健康风险也应当得到公平分配，避免某些群体承担过多负面外部性。

决策权力与参与机会的公平分配构成第四个关键层面。零碳转型涉及重大公共利益，决策过程应当确保各利益相关方的充分参与。政府、企业、社会组织、居民等多元主体需要建立平等对话机制，共同参与规划制定、项目实施和效益评估。信息获取的公平性尤为重要，应当建立透明的信息披露制度，使各方能够及时、充分地了解相关决策和实施情况。特别是对弱势群体的利益诉求，需要建立专门的表达渠道和保护机制。社区自治组织的培育和赋权也是实现决策参与公平的重要途径。

社会福利的公平分配是第五个重要方面。零碳转型带来的环境改善、健康促进等社会福利应当惠及全体社会成员。环境质量改善的效益分配应当特别关注易受环境污染影响的弱势群体。健康促进计划的实施应当优先覆盖高风险人群。此外，零碳项目产生的就业机会、技能培训等社会资源也应当建立公平的分配机制。社会保障体系的完善需要特别关注转型过程中的困难群体，提供必要的生活保障和发展支持。

利益补偿与矛盾调处机制的建立是第六个重要维度。零碳转型不可避免地会对某些群体造成短期利益损失，需要建立科学的补偿标准和程序。补偿方案的制定应当充分考虑受影响群体的实际需求和长远发展。除经济补偿外，还需要提供就业支持、技能培训等发展性补偿。利益纠纷的调处需要建立多元化解机制，包括行政调解、司法保障、社会调处等多种途径。特别是对弱势群体权益的保护，需要提供必要的法律援助和政策支持。

零碳岛屿建设中的利益分配与社会公平问题涉及土地资源、经济收益、能源服务、决策权力、社会福利、利益补偿等多个维度。这些问题的妥善解决需要建立健全的制度保障和实施机制，确保零碳转型的成果能够公平惠及全体社会成员。只有实现利益分配的公平合理，才能为零碳岛屿建设赢得广泛的社会支持和持续的发展动力。

4.2.4.5 外来旅游者影响

海岛通常是旅游热点，游客的大量涌入带来资源消耗和碳排放的增加。如高峰期对能源需求的激增和垃圾处理的压力，这些社会压力常与岛屿零碳目标产生冲突，对可持续发展策略构成挑战。增强管理和调控是解决此类影响的关键。外来旅游者活动对零碳岛屿社会环境产生深刻而广泛的影响，构成了复杂的社会约束条件。这种影响涵盖了物质消耗、环境负荷、社会结构等多个层面，形成了相互交织的制约因素网络。

能源消耗问题在旅游活动影响中最为突出。游客规模的季节性波动导致岛屿能源需求呈现显著的波峰波谷特征。旅游旺季期间，酒店、餐饮、娱乐等服务设施的集中使用造成能源需求的剧烈上升。统计数据显示，旅游旺季的用电负荷峰值可能比淡季高出150%以上，这给能源系统的设计和运行带来极大挑战。空调系统的高强度使用尤其构成显著的用电负荷。交通运输方面，海岛旅游对外部交通的高度依赖性决定了其具有较高的碳排放强度。游客往返所需的船舶、飞机等交通工具不仅消耗大量化石能源，也给岛屿清洁能源系

第4章 中国海岛零碳化动力机制与约束条件分析

统的规划与建设带来巨大挑战。岛内交通方面，观光车辆、游览设施等的运营同样构成重要的能源消耗源。这种能源需求的波动性与不确定性，使得清洁能源系统的容量规划与负荷管理面临显著困难。能源供给的弹性与稳定性要求与旅游需求的随机性之间的矛盾，构成零碳目标实现过程中的重要技术与管理难题。

游客活动产生的废弃物处理压力日益凸显。旅游活动天然具有高消费、高废弃特征，游客的短期居留性质往往导致其环境责任感相对淡薄。餐饮垃圾、包装废弃物、一次性用品等的大量产生，给岛屿的垃圾收集、分类与处理系统带来巨大负担。研究表明，旅游旺季期间，海岛地区的人均垃圾产生量可能比常住居民高出30%以上，且分类质量明显较低。这些废弃物不仅增加了碳排放，还可能对岛屿生态系统造成直接损害。特别是塑料废弃物，其在海洋环境中的持久性与危害性尤其值得关注。垃圾处理设施的建设与运营本身也构成重要的能源消耗源。焚烧处理产生的温室气体排放、填埋处理占用的土地资源等都与零碳发展目标存在潜在冲突。旅游旺季时期废弃物处理能力的匹配问题尤其突出，处理设施的规模效益与运营效率面临重要挑战。

水资源消耗与污染问题呈现出特殊的复杂性。游客的生活用水习惯往往显著不同于本地居民，人均用水量普遍较高。高星级酒店的日常运营、休闲设施的维护等都需要大量淡水投入。这种用水需求的增加不仅加剧了岛屿水资源的供需矛盾，还间接增加了供水系统的能源消耗。海水淡化、污水处理等设施的运行负荷随游客规模波动，其能源效率与运行成本都面临重要挑战。水质污染问题同样不容忽视，生活污水的处理能力需要与旅游接待规模相匹配。雨污分流系统的建设与维护、污水处理设施的升级改造等都构成重要的基础设施投入需求。

土地利用方式的转变带来深远影响。旅游设施的建设需要占用大量土地资源，这往往与清洁能源设施的用地需求产生竞争。观光景点的开发、度假设施的建设等改变了岛屿原有的土地利用格局，可能影响到风能、太阳能等可再生能源的开发条件。景观保护要求与能源设施建设之间的矛盾也较为突出，风机、光伏板等设施的视觉影响可能影响旅游体验。此外，旅游开发导致的城市化进程加快，建筑密度增加，也给建筑节能与绿色建筑的推广带来挑战。

社会文化层面的变迁极具深远意义。旅游活动带来的外来文化冲击可能影响本地居民的生活方式与价值观念。奢侈性消费、铺张浪费等不良生活方式的示范效应，可能削弱社区低碳意识的培育效果。旅游商业化进程中，传统文化与生态智慧可能被边缘化，不利于可持续发展理念的传承与创新。特别是年轻一代的价值观与生活方式选择，更容易受到外来旅游文化的影响。这种文化影响的长期积累效应，可能改变社区对待发展与环境关系的基本态度。

社会治理体系面临显著压力。旅游活动的高度市场化特征往往与环境管制要求产生矛盾。旅游经营者追求短期经济效益的倾向，可能弱化其对环境责任的重视程度。游客管理的难度也随着规模增加而上升，行为规范的制定与执行面临更大挑战。旅游安全、应急管理等方面的保障需求增加了社会治理成本。特别是在极端天气事件频发的背景下，旅游安全与应急疏散能力的建设显得尤为重要。

第4章 中国海岛零碳化动力机制与约束条件分析

经济结构呈现出明显的路径依赖特征。旅游业作为海岛经济的支柱产业，其收入贡献与就业带动作用往往形成了难以突破的发展惯性。地方财政对旅游收入的依赖程度直接影响环境规制的力度与执行效果。旅游就业的规模效应也制约着产业结构调整的空间，大量劳动力在旅游相关行业的集中使得转型成本显著提高。这种经济依赖性还可能导致投资决策的短视倾向，影响清洁能源等创新型低碳产业的培育与发展。旅游市场的波动性与不确定性进一步加剧了经济结构调整的难度，使得零碳转型面临更大的阻力与风险。

基础设施使用呈现出显著的季节性波动特征。旅游旺季期间，能源、水务、交通等基础设施面临集中使用压力，这种峰值需求导致设施规模普遍超前配置，造成资源利用效率的整体降低。设施维护成本随使用强度增加而上升，构成了持续性的经济负担。特别是在气候变化背景下，极端天气事件的频发进一步加大了基础设施的运营风险与维护难度。供水、供电、通信等生命线工程的可靠性要求与使用负荷的不确定性之间的矛盾日益突出。基础设施的智能化、弹性化改造需求也带来了额外的投资压力与技术挑战。

生态系统承受着日益加剧的人为压力。旅游活动对海岛生态系统的干扰表现为多重效应的叠加。直接影响包括植被破坏、生物栖息地分割、水体污染等物理性破坏，间接影响则涉及噪声污染、光污染等环境要素的改变。这种生态压力的累积效应可能降低生态系统的自我修复能力，影响碳汇功能的发挥。特别是珊瑚礁、红树林等典型海岛生态系统，其对人类活动的敏感性与脆弱性更为突出。生物多样性的降低不仅影响生态系统的稳定性，还可能削弱其对气候变化的适应能力。

公共服务供给面临结构性失衡。旅游人口的季节性波动使得医疗、教育、文化等公共服务的供给难以实现精准匹配。服务能力的富余与不足并存，影响了资源配置效率。特别是在应对突发事件时，服务体系的弹性不足可能导致系统性风险。此外，公共服务的市场化倾向可能加剧社会分层，影响基本公共服务的可及性与公平性。

外来旅游者对零碳岛屿的影响是一个涵盖物质、能源、生态、社会、经济等多个维度的复杂系统。这些影响因素之间存在着密切的相互作用与反馈关系，构成了零碳岛屿建设必须审慎应对的重要社会约束条件。

第 5 章
中国海岛零碳模式设计

在前文对国内外海岛零碳建设相关研究的基础上，本章从中国海岛分类入手，构建"生产——生活——生态"多领域协同的零碳理论框架，并就旅游型、渔业型、贸易型、新能源产业型四类典型海岛，针对性设计了新能源开发利用主导降碳型零碳模式、多路径协同式降碳型零碳模式、渔业场景化降碳型零碳模式等模式和路径，旨在为全球海岛零碳转型提供兼具理论意义与实践价值的中国方案，推动海岛从"生态脆弱区"向"绿色发展示范区"转变。同时，还从海岛资源互补与合作视角提出了具体的合作模式，以期为中国发起成立"国际零碳岛屿合作组织"提供理论基础和实践指导。

第5章 中国海岛零碳模式设计

5.1 中国海岛分类与组团划分

根据第 3 章对国内外典型海岛零碳建设模式的总结分析可知，海岛零碳建设模式的差异主要取决于地理位置、资源禀赋、经济活动等因素。为更好地对中国海岛进行分类并设计具有针对性的零碳模式，本章从系统论视角，基于地理位置、资源禀赋、经济活动三个核心维度构建海岛分类体系理论框架，如图 5-1 所示。三个核心维度形成动态耦合关系，其中地理位置决定资源禀赋（气候特征），资源禀赋影响经济活动类型，经济活动反作用于资源利用方式。

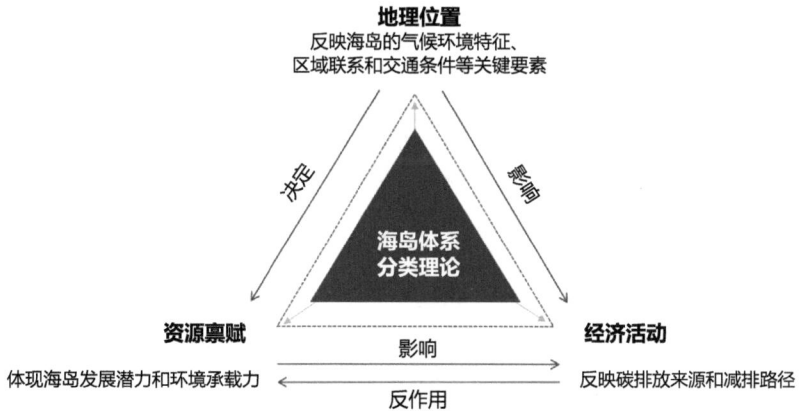

图 5-1 海岛分类体系理论框架

地理位置维度反映了海岛的气候环境特征、区域联系和交通条件等关键要素。其中，渤海海域岛屿受温带季风气候影响，能源需求呈现季节性波动，适宜风能为主导的能源结构，以风能为主导，能源可有效平衡冬季供暖缺口。东海海域岛屿紧邻长三角等经济发达区域，具有发达的港口体系和产业基础，有利于构建低碳物流网络和清洁能源产业链。南海海域岛屿光照充足、气候温暖，具有发展太阳能和海洋能的优势条件，同时，生物多样性丰富，碳汇功能突出。地理位置的差异性决定了能源结构优化路径和低碳技术的选择方向。

资源禀赋维度体现了海岛的发展潜力和环境承载力。农业用地资源方面，山东海岛农田面积达60万公顷，具备发展低碳农业的基础条件，可通过推广保护性耕作、生态种植等技术降低农业碳排放。森林资源方面，海南海岛森林资源丰富，是重要的碳汇基地，通过加强森林经营和植被恢复可增强碳汇能力。中国滨海滩涂总面积为858784公顷，其中江苏省滨海滩涂资源最为丰富，适合发展碳汇型海草床和红树林。养殖水面资源中，福建省最多达4.1万公顷，通过发展生态养殖可降低水产业碳足迹。资源禀赋的差异性要求制定差异化的碳减排策略和资源利用模式。

经济活动维度反映了碳排放来源和减排路径。旅游型海岛的碳排放主要来自游客食宿、交通和娱乐活动，碳减排重点是推广清洁能源应用、发展低碳交通和建筑节能；渔业型海岛碳排放集中在渔船作业、水产品加工和冷链物流环节，减排路径包括渔船电动化改造、发展近远海生态养殖和优化冷链系统；农业型海岛碳排放源于农业生产、农产品加工和

第5章 中国海岛零碳模式设计

运输环节，需要推广节水灌溉、有机肥料使用和绿色物流；新能源产业型海岛以清洁能源开发利用为主导，可发挥示范引领作用。

三个维度的分类体系构成了相互支撑的有机整体。地理位置决定了资源禀赋的空间分布特征，资源禀赋影响经济活动的类型选择，经济活动反过来作用于资源利用方式。在零碳模式设计中，需要系统考虑三个维度的内在联系。一是地理位置——资源禀赋关联性，不同纬度地区的光照、气温、降水等气候条件影响农业生产方式和能源开发模式；海域特征决定了渔业资源分布和海洋能开发潜力。二是资源禀赋——经济活动适应性，农业资源丰富的海岛适合发展生态农业；渔业资源富集区域重点发展海洋牧场；旅游资源优势明显的地区突出发展生态旅游。三是经济活动——地理位置互动性，临近经济中心的海岛易于发展高端服务业，远离大陆的海岛更适合发展资源节约型产业，区位条件影响产业链构建和物流组织方式。

基于前文构建的海岛分类体系理论框架，在零碳建设领域大体可将中国海岛划分为五大组团，分别为旅游主导型组团、渔业资源型组团、贸易枢纽型组团、新能源产业型组团和复合功能型组团等。

5.2 "生产——生活——生态"多领域协同效应分析

5.2.1 零碳海岛建设"生产——生活——生态"多领域协同理论框架

在海岛这一具有明确地理边界和系统特征的空间单元中，生产系统、生活系统和生态系统构成了一个高度关联的复合生态经济系统。这种复合系统的特殊性主要体现在三个方面：一是海岛空间的有限性决定了系统要素之间的紧密互动，任何子系统的变化都会快速传导至其他子系统；二是海岛资源的稀缺性要求系统必须通过协同作用提高资源利用效率；三是海岛生态系统的脆弱性使得系统协同必须特别注重生态承载力的约束。这三个系统通过物质流、能量流、信息流的多维度交互作用，形成了具有独特性质的协同演化机制。这种机制不是简单的线性叠加，而是通过非线性相互作用产生了系统性的涌现效应。因此，零碳海岛建设的核心在于实现生产系统（能源供给与产业活动）、生活系统（居民消费与社会组织）、生态系统（碳汇功能与环境调节）的协同推进（见图 5-2）。

第 5 章 中国海岛零碳模式设计

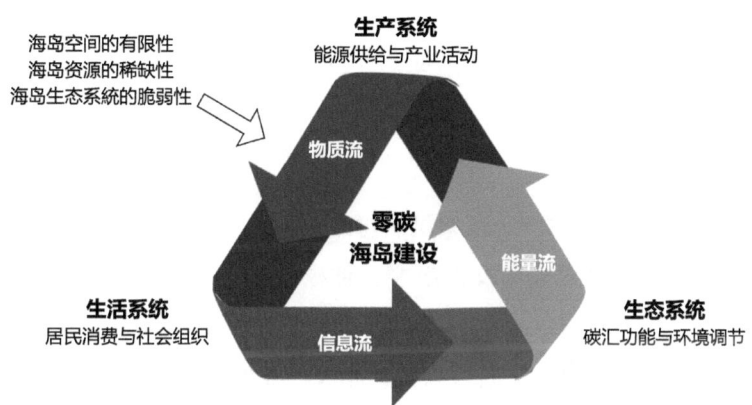

图 5-2 "生产——生活——生态"多领域协同理论框架

生产系统作为经济活动的核心载体,其碳排放特征受到技术水平、产业结构、能源结构等多重因素的影响。同时,生产系统通过供应链、产业链、价值链等多重链条与其他系统发生联系,这些链条既是物质能量传递的通道,也是系统协同的载体。

生活系统通过居民消费行为、社会组织方式、文化价值取向等要素影响着碳排放的社会基础。这些要素之间同样存在着复杂的互动关系,构成了生活系统的内部协同机制。

生态系统则通过其物质循环、信息传递和能量流动功能,为整个系统的运行提供基础支撑。生态系统的碳汇功能、环境调节功能和资源供给功能共同构成了系统协同的生态基础。

5.2.2 "生产——生活——生态"协同机制与路径

5.2.2.1 反馈机制与路径

(1) 正向反馈机制：低碳技术创新驱动产业升级→绿色消费需求扩大→生态修复增强碳汇能力。在生产系统中，低碳技术的创新可以带动相关产业的转型升级，这种转型升级又会刺激新的技术创新，形成创新驱动的良性循环。技术创新不仅直接降低碳排放强度，还能通过提高资源利用效率、改善生产工艺、优化能源结构等多个途径间接减少碳排放。同时，低碳产业的发展能够创造新的就业机会和经济增长点，这种经济效益又会进一步强化低碳转型的动力。在生活系统中，绿色消费理念的普及能够培育新的市场需求，这种需求变化会推动生产系统作出相应调整，进而促进整个供应链的绿色转型。消费者的环境意识提升会带动更多的低碳产品和服务创新，这种创新又会强化消费者的环境友好行为。在生态系统中，生态功能的改善能够提供更好的环境支持，这种支持又会促进生产和生活方式的绿色转变。生态系统的修复增强了碳汇能力，同时也提供了更多的生态产品和服务，这些产品和服务又会推动经济社会发展方式的转变。

(2) 负向反馈机制：生态承载力约束倒逼生产方式转型→社会成本压力调节转型速度。负向反馈机制在维持系统平衡方面起着重要作用。系统转型过程中的各种约束条件，如资源环境承载力、技术经济可行性、社会接受程度等，会对系统演化产生制约作用。这种制约作用看似阻碍了系统转型,但实际上有助于防止系统过度发展和失衡。例如,生态环境承载力的约束可以防止生产活动过度扩张,技术经济性的约束可以确保转型路径的可行性,社会承受能力的约束可以保证转型过程的平稳性。这些负向反馈机制的存在,使得系统在转型过程中能够保持动态平衡,以避免剧烈波动和结构性失衡。

5.2.2.2 时空协同机制与路径

(1) 时间维度:短期聚焦技术试点,中期聚焦系统互动,长期聚焦制度内化。零碳海岛建设呈现出明显的阶段性与渐进性特征。这种阶段性不是简单的线性发展过程,而是一个包含多重临界点和质变期的复杂演化过程。在初始阶段,系统协同主要表现为局部优化和试点示范。首先,各子系统仍主要按照原有的运行逻辑和发展路径运行,协同效应主要体现在个别领域和局部范围;其次,系统转型面临较大的路径依赖和结构性惯性,这种惯性来自既有的技术体系、制度安排和行为模式;最后,转型成本相对较高,协同效益尚未充分显现,这使得系统协同的推进面临较大阻力。这一阶段的关键在于突破原有发展路径的锁定效应,培育新的协同增长点。在加速发展阶段,系统协同主要表现为系统互动。一是协同范围的扩大,从局部试点向全域推进,从单一领域向多领域拓展;二是协同深度的加深,从表层的物质能量交换向深层的结构功能重组演进;三是协同效应的增强,表现为转型速度的加快和效果的提升。在这一阶段,各子系统之间的互动更加频繁和深入,协同机制逐步成熟和稳定。其中,生产系统的低碳转型开始产生规模效应,技术创新和产业升级形成良性循环。生活系统的绿色转型获得广泛认同，新的消费模式和行为方式逐步形成。生态系统的功能持续改善，为整个系统转型提供更强的支撑。在成熟阶段，系统协同达到较高水平，聚焦制度化和常态化。一是各子系统之间形成稳定的协同关系，协同机制得到制度化保障；二是系统整体表现出较强的韧性和适应能力，能够有效应对外部冲击和内部变化；三是协同效应实现质的飞跃，系统整体功能显著提升。在此阶段，零碳转型已经成为系统发展的内生动力，不再依赖外部干预和推动。生产系统形成了完整的低碳产业体系，生活系统构建了成熟的绿色生活方式，生态系统实现了功能的全面恢复和提升。

（2）空间维度：微观聚焦项目整合、中观聚焦产业链重构、宏观聚焦全域协同。在微观尺度上，协同效应主要表现为具体项目或措施层面的系统整合。这种整合包括单个低碳项目对周边生产生活方式的影响、个体行为改变对局部环境的影响、小尺度生态修复对局地系统的影响等。在中观尺度上，协同效应上升为产业链、供应链和生态链的系统优化，具有明显的网络特征。这种优化涉及更广泛的空间范围和更多的系统要素，包括产业集群的低碳转型、区域供应链的绿色重构、生态廊道的系统建设等。在宏观尺度上，协同效应则表现为整个海岛系统的结构重组和功能提升，具有系统性强、影响深远但见效较慢等特征。包括海岛整体空间结构的优化、区域产业体系的重构、生态系统网络的完善等。

5.2.3 "生产——生活——生态"系统协同的效应评估

"生产——生活——生态"系统协同的效应评估构建需要基于多维标准体系，这种评估体系的科学性和完整性直接关系到零碳海岛建设进程的准确把握。评估体系主要包括效率标准、效益标准和适应性标准三个维度。

效率标准作为评估的基础维度，聚焦于系统运行过程中的投入产出关系。能源效率评估需要考察能源系统从获取、转换到终端使用的全过程效率，这种效率评价不仅包括技术层面的能源转换效率，还需要关注能源系统整体运行的经济性和环境性。资源效率评估则着重考察资源要素的利用水平和循环程度，通过物质流分析方法量化评估资源投入产出效率、资源循环利用率等关键指标。环境效率评价则聚焦于单位环境负荷下的系统产出，需要综合考虑碳排放强度、污染物排放强度等多个维度。

效益标准体系着眼于系统协同带来的综合性收益。经济效益评估不仅关注直接的成本节约和效益提升，还需要考虑产业链延伸带来的间接经济效应。这种经济效益包含了节能减排技术创新带来的新产业增长、绿色低碳产业发展产生的就业增长、能源结构优化带来的经济韧性提升等多重效益。社会效益评估则需要关注居民福祉改善、社会公平提升、文化价值重塑等多个层面。这种社会效益体现在居民生活质量提升、社会治理能力增强、文化认同感增强等方面。生态效益评估主要考察生态系统服务功能的改善程度，包括碳汇能力提升、生物多样性增加、生态系统稳定性增强等多个方面。

适应性标准评估重点关注系统面对外部变化时的响应能力和调适能力。技术适应性评估需要考察技术系统对新需求的响应速度、技术创新的灵活性、技术集成的协调性等方面。制度适应性评估则着重考察制度安排对环境变化的响应能力，包括政策调整的灵活性、治理机制的弹性、制度创新的及时性等。生态适应性评估主要关注生态系统对环境变化的抵抗力和恢复力，需要考察生态系统的自我修复能力、生态功能的可持续性、生态系统的稳定性等多个维度。

评估标准的综合运用需要考虑三个维度间的相互关系。效率指标与效益指标之间存在着密切的关联，效率提升往往带来效益的增加，而效益增加会促进效率进一步提高。适应性指标则是效率指标和效益指标的实现基础和可持续性保障。因此，需要运用系统思维进行综合分析和整体评价。

5.3 不同类型海岛零碳模式设计

5.3.1 旅游型海岛零碳模式

旅游型海岛零碳模式的深层价值在于提供了一种兼顾旅

第5章 中国海岛零碳模式设计

游发展与零碳建设的创新路径。在系统协同理论的指导下，建立起生产、生活、生态三大系统的有机联系，形成独特的发展模式和治理体系。

5.3.1.1 发展现状

旅游型海岛作为我国海洋旅游资源的重要组成部分，在国民经济发展和海洋经济布局中具有重要战略地位。目前，我国海洋旅游资源丰富，滨海旅游景点多达1500多个，滨海沙滩超过100多处[96]。在国家级旅游度假区中，滨海度假区占据三分之二以上。我国拥有7300多个面积大于500平方米的海岛，海岛岸线总长14000多千米，其中66%的海岛分布在东海地区，70%的海岛距离大陆岸线10千米以内。这种地理分布特征为海岛旅游开发提供了良好的区位条件和资源基础。

海岛旅游资源丰富、气候适宜。东部沿海地区的海岛旅游资源最为丰富，以浙江省舟山群岛、福建省鼓浪屿、海南岛等为代表的旅游名岛已经形成了较为完善的旅游产业体系。这些地区的海岛旅游发展优势主要体现在气候宜人、空气清新、波平浪小等自然条件方面，同时海岛景观丰富多彩，具有较高的景观文化价值。尤其是在气候资源方面，我国海岛普遍具有春秋长、冬夏短的特点，这种气候特征为全季节旅游开发创造了有利条件。

海岛旅游模式呈现多元化发展趋势。以海南岛为代表的大型海岛采用综合开发模式，通过完善的基础设施和丰富的旅游产品体系，形成了具有国际影响力的旅游目的地。以舟山普陀山为代表的宗教文化型海岛，则充分利用历史文化资源，打造特色文化旅游产品。以鼓浪屿为代表的近海小型海岛，则侧重发展休闲度假和文化体验型旅游。这种差异化的开发模式，反映了海岛旅游资源的多样性和开发策略的灵活性。

总体上，我国海岛旅游发展呈现出良好的发展态势。但在基础设施、产品开发、服务质量、环境保护和管理体制等方面仍存在诸多问题。

在环境承载力方面，随着旅游开发强度的增加，海岛生态环境的脆弱性问题日益凸显。一些海岛出现了过度开发的现象，如机械挖沙、炸岛围垦等破坏性行为，导致海岛生态系统受到严重损害。特别是在旅游旺季，游客数量的激增往往超出海岛的环境承载能力，造成垃圾处理、污水排放等环境问题。同时，海岛的自然灾害风险也不容忽视，台风、风暴潮等自然灾害对旅游设施和游客安全构成潜在威胁[97]。

在基础设施建设方面，除了海南岛、鼓浪屿等少数旅游名岛外，大多数海岛的基础设施建设仍显滞后。交通可达性是最突出的问题，多数海岛仍以轮渡作为主要交通方式，其局限性严重影响了旅游接待能力和游客体验，特别是在周末和节假日期间，交通瓶颈效应更为明显。同时，岛内基础设施的承载能力也普遍不足，包括住宿、餐饮、医疗、购物等配套设施的数量和质量都需要进一步提升。基础设施建设不足已成为制约海岛旅游发展的关键因素。

在旅游产品开发方面，大多数海岛旅游活动仍局限于观光游览层面，产品同质化现象严重。从旅游形态来看，可以分为观光旅游、娱乐旅游和专业旅游三个层次。观光旅游以自然景观和人文景观欣赏为主，是最基础的旅游形态。娱乐

第 5 章　中国海岛零碳模式设计

旅游则通过各种娱乐活动丰富旅游内容，提升游客体验。专业旅游包括休养疗养、会议、宗教朝拜、考察调查等有特定目的的旅游活动。然而，目前大多数海岛的旅游产品仍停留在观光层面，缺乏深度体验和专业特色，难以形成持久的市场吸引力。

在旅游服务质量方面，行业整体水平有待提升。服务人员的专业素质普遍不高，很多海岛的旅游从业人员主要由当地居民构成，其服务理念、技能水平与国际化、专业化的旅游服务要求存在较大差距。同时，旅游市场秩序也需要进一步规范，包括价格管理、服务标准、安全保障等方面都存在不同程度的问题。这种服务质量的不足，直接影响了游客的满意度和重游率。

在管理体制机制方面，海岛旅游管理涉及多个部门，包括海洋、旅游、环保、交通等，部门之间的协调机制不够完善，导致管理效率低下。特别是在海洋资源开发和保护方面，缺乏统一的规划和管理标准，各部门的管理目标和措施存在不一致甚至冲突的情况。同时，海岛旅游开发的市场化程度不高，缺乏具有运营能力、策划能力、资金筹集能力和市场营销能力的专业运营主体。管理体制机制不健全已成为制约海岛旅游发展的深层次问题。

在市场竞争力方面，与国际知名海岛旅游目的地相比仍存在较大差距。以夏威夷、普吉岛、塞班岛等为代表的国际海岛旅游胜地，在品牌影响力、服务品质、产品体系等方面都具有明显优势。相比之下，我国海岛旅游的国际化程度不高，缺乏具有全球影响力的旅游品牌。特别是在高端旅游市场的竞争中，国内海岛旅游的竞争力明显不足。

在投资收益方面，海岛旅游开发普遍具有投资规模大、周期长、风险高的特点。特别是在基础设施建设方面，如跨海大桥等重大工程项目，往往需要巨额资金投入，而短期内的经济效益难以覆盖投资成本。这种投资特点在一定程度上影响了社会资本参与海岛旅游开发的积极性。同时，海岛的自然灾害风险也增加了投资的不确定性。

5.3.1.2 零碳建设面临的挑战

在生产系统层面，生产系统零碳化面临两个核心问题，一是能源结构高碳特征明显。旅游型海岛更加注重能源供给的稳定性，因此，大多数旅游型海岛仍然高度依赖传统化石能源，清洁能源的开发利用仍作为补充性、宣传性和观赏性能源。同时，受技术瓶颈和经济性制约，分布式能源系统建设相对滞后，能源供给的稳定性和可靠性难以保障。二是旅游产业体系碳排放强度居高不下。海岛旅游产业仍以传统观光和休闲度假为主，产业形态相对单一，产品开发层次不高。特别是在旅游接待设施方面，大量酒店和餐饮企业的能源利用效率较低，建筑节能标准执行不到位；旅游交通以高碳排放的方式为主，水路和航空运输的碳排放强度较高，而绿色出行方式的比重偏低；旅游配套产业的循环化程度不足，资源利用效率有待提高。

在生活系统层面，低碳消费意识和行为模式的培育明显滞后。游客的消费行为仍以高碳模式为主，在交通方式选择、住宿标准、餐饮消费等方面缺乏低碳意识；海岛社区居民的生活方式转型相对缓慢，传统的能源使用习惯和消费模式依然普遍存在；环保文化的培育缺乏系统性和持续性，环境教育的效果难以持久；社区参与机制不够完善，居民在零碳转型过程中的主动性和创造性未能充分发挥，这种高碳式生活方式严重制约着海岛零碳目标的实现。

在生态系统层面，海岛生态系统本身具有脆弱性特征，在旅游开发过程中易受破坏。部分海岛的生态空间遭到过度侵占，生态系统的碳汇功能受到损害；海洋生态系统的保护力度不够，红树林、海草床等具有重要碳汇价值的生态系统面临退化威胁；生态修复工程的系统性不足，修复效果难以持续；生态监测体系不够完善，难以及时发现和应对生态风险，这些问题严重影响海岛生态系统的碳汇能力和生态服务功能。

从系统协同的角度来看，三大系统之间的互动机制尚未形成。生产系统的转型缺乏生活系统的有效配合，低碳技术和产品的推广遭遇市场需求不足的困境。生活系统的改变未能得到生产系统的充分支撑，绿色消费选择受到供给不足的制约。生态系统的保护与生产生活需求之间存在矛盾，平衡发展与保护的机制有待完善。这种协同不足导致零碳转型的整体效果难以显现[98]。

5.3.1.3 "新能源开发——生态保护——低碳消费"协同型零碳模式与实施路径

根据前文分析，旅游型海岛零碳化重点关注能源结构优化、生态碳汇提升和低碳生活方式三个方面。根据不同海岛资源禀赋和气候特征，可设计新能源开发利用主导降碳型零碳模式和多路径协同式降碳型零碳模式两类（见图5-3）。

图 5-3 旅游型海岛零碳模式

（1）新能源开发利用主导降碳型零碳模式。

①模式内涵与框架设计。

该模式以新能源开发利用为核心驱动力，辅以生态保护与低碳生活方式培育，构建"一主两辅"的降碳型发展路径。该模式适用于太阳能、风能、海洋能等资源禀赋优越且政策支持力度较强的海岛，旨在通过技术集成、空间优化与行为引导，实现能源结构清洁化、生态系统韧性化及社会消费低碳化的协同目标。其框架包含以下核心维度：

主导路径：以新能源规模化开发与智慧化应用为核心，构建"源——网——荷——储"一体化能源系统；

辅助路径一：通过生态修复与保护性开发，增强海岛碳汇功能与环境承载力；

辅助路径二：以制度创新与文化引导培育低碳生活方式，降低旅游活动碳足迹。

②实施路径与技术方案。

主导路径：新能源开发利用体系构建。第一，资源评估与多能互补系统设计。针对海岛新能源资源禀赋，如年均日

第5章 中国海岛零碳模式设计

照小时数、平均风速、潮汐能储量、生物质能储量等，建立"资源——技术——需求"匹配模型，因地制宜构建"光伏为主、风电与海洋能协同"或"风电为主、太阳能与生物质能协同"的多能互补体系。具体策略包括：分布式光伏全域覆盖，在酒店屋顶、停车场、景观设施等区域铺设高效双面光伏组件，采用建筑一体化（BIPV）技术，实现发电与建筑功能融合；设计彩色光伏走廊，实现发电与旅游景观打造融合。海上风电集群化布局，在离岸3—5千米海域建设漂浮式风电机组，单机容量8—10MW，通过动态偏航技术适应台风频发环境。海洋能梯级利用，在潮汐通道部署双向涡轮机组，利用潮差发电；沿岸布设振荡水柱式波浪能装置，提升能源供给稳定性。第二，智能微电网与储能系统优化。新能源间歇性问题需通过"智能微电网＋混合储能"解决。典型案例为希腊蒂洛斯岛，其微电网集成光伏、风电与锂电池/液流电池储能，供电可靠性达99.7%。关键技术包括：能量管理平台、调峰系统和需求侧响应机制等。第三，能源——旅游产业融合创新。新能源设施可转化为旅游吸引物，形成"绿电生产——低碳体验——品牌增值"闭环。如丹麦萨姆索岛将风车观景台、光伏艺术装置融入旅游线路，年吸引低碳主题游客超10万人次。具体措施包括：科普体验中心建设，通过VR技术展示新能源发电原理，开设小型风机组装实践课程；"零碳住宿认证"，对使用100%绿电的酒店授予认证标志，提升市场溢价能力；绿色交通网络，投放太阳能游艇、氢能摆渡车等交通工具，打造全链条低碳出行体验[99]。

辅助路径：生态保护与碳汇提升。第一，生态敏感区避让与修复。新能源开发需遵循"生态红线优先"原则。以马尔代夫光伏项目为例，通过遥感与GIS技术识别珊瑚礁、海草床等敏感区域，将光伏阵列布设在废弃盐田等退化用地，减少生态扰动，修复工程包括：珊瑚礁人工培育、红树林碳汇林带建设等。第二，蓝碳生态系统市场化机制设计。通过碳汇交易将生态价值转化为经济收益。如福建省东山岛建立"红树林碳汇银行"，游客可通过购买碳汇积分抵销旅行碳排放，所得资金用于生态管护，关键机制包括：碳汇计量标准化和区块链溯源平台搭建。

辅助路径：低碳生活方式培育。第一，政策规制与激励机制设计。实施碳配额管理制度，对旅游企业设定人均碳排放上限，超额部分需购买碳汇抵销；开展绿色消费补贴，对使用可降解餐具、参与垃圾分类的游客提供餐饮折扣或景点门票优惠。第二，社区参与与文化重塑。建设零碳民宿合作社，培训居民建设光伏屋顶、雨水收集系统，形成低碳社区示范点；设计"无痕旅游"教育计划，通过导游讲解、互动游戏引导游客减少一次性用品使用。第三，数字化碳足迹管理。开发"海岛碳账本"小程序，实时追踪游客交通、住宿、餐饮碳排放，生成个性化减碳建议。如巴厘岛推出的APP可显示不同行程的碳足迹对比，促使游客选择低碳选项。

（2）多路径协同式降碳型零碳模式。

①模式内涵与框架设计。

对于因资源禀赋不足（如光照强度低、风能资源分散）、气候条件严苛（如台风频发）或政策限制（如生态保护区禁建大型能源设施）而无法大规模开发新能源的海岛，

第5章 中国海岛零碳模式设计

单一技术路径难以实现碳中和目标[100]。因此，多路径协同式降碳型零碳模式应运而生，其核心在于依托系统论、循环经济理论和行为经济学等理论方法，整合分布式光伏、生态碳汇增强、低碳生活方式培育与资源循环利用四大路径，通过系统协同与资源优化配置，构建低能耗、高韧性、可持续的低碳海岛生态系统。其实施框架涵盖三个层级：

技术层：以分布式光伏为能源基座，结合微电网与储能技术保障能源安全；

生态层：通过生态修复与碳汇交易增强环境承载力；

社会层：以制度创新与社区参与驱动低碳生活方式普及。

②实施路径与技术方案。

分布式光伏：小规模能源系统的灵活适配。第一，资源评估与场景化布局。针对海岛光照条件，采用卫星遥感与地面监测结合的方式，筛选适宜光伏部署的"低生态敏感——高用能需求"区域。例如，在屋顶、停车场、废弃盐田等区域安装光伏板，满足日间用电需求。技术要点包括：轻量化组件选择，适配台风区建筑抗风要求；智能跟踪系统设计，提升低光照条件下的发电效率；建设离网微电网，降低输电损耗。第二，储能系统与需求侧管理。解决光伏间歇性问题需构建"分布式储能+柔性负荷"体系。以希腊阿莫尔戈斯岛为例，其微电网集成光伏、柴油备用机组及液流电池储能，通过需求响应算法优先保障酒店、医疗设施用电，关键技术包括：梯次电池利用和虚拟电厂建设。第三，光伏与旅游场景融合。通过设计融合美学与功能的能源设施,将光伏转化为旅游吸引物,形成独特的"海上光廊"景观。

生态碳汇:自然修复与市场化补偿。第一,关键生态系统保护与修复。红树林修复:在潮间带种植本地红树品种,每公顷年固碳量可达3—5吨。例如,泰国普吉岛通过社区参与的"红树林领养计划",恢复退化湿地200公顷,碳汇价值超100万美元/年。珊瑚礁人工培育:采用矿物增积技术加速珊瑚生长,如菲律宾阿波岛项目使珊瑚覆盖率从15%提升至35%,同时增强海岸带防灾能力。海草床恢复:通过底播种植与禁渔区划定,海南分界洲岛海草床面积增加12%,年固碳量提升至1.2t/ha。第二,碳汇计量与交易机制创新。标准化核算:采用《湿地温室气体清单指南》方法学,结合遥感反演与地面样方监测,确保数据准确性。区块链碳汇平台搭建:游客可通过APP购买碳汇积分,资金直接用于生态修复。政策衔接:将海岛碳汇纳入国家自愿减排市场(CCER),拓展融资渠道。

低碳生活方式:从个体行为到社区文化。第一,政策工具与激励机制碳普惠制度设计。对游客实施"低碳行为积分"奖励,如骑行代替乘车可兑换免费潜水体验。绿色认证体系:制定《零碳民宿标准》,要求使用节能设备、本地食材与可再生包装,获认证企业享受税收减免。第二,社区参与式治理。低碳合作社:通过群体推动低碳项目建设,例如印尼吉利群岛成立渔民合作社,利用光伏电力驱动海水淡化设备,减少柴油消耗80%,同时销售淡化水收入反哺社区基金。文化重塑活动:举办"零碳文化节",通过传统舞蹈、手工艺展示传递生态保护理念,增强居民认同感。第三,数字化行为引导。开发"碳足迹追踪 APP",实时显示游客交通、住宿、餐饮的碳排放,并提供替代方案。

资源循环利用:闭环系统的海岛适配。第一,废弃物资源化体系建设。有机垃圾处理:采用小型厌氧发酵装置,将餐厨垃圾转化为沼气,残渣作为红树林肥料。塑料回收创新:帕劳实施"塑料押金制",游客归还塑料瓶可获代金券,回收率提升至 90%,再生颗粒用于 3D 打印旅游纪念品。第二,水资源循环系统。中水回用:酒店淋浴与洗衣废水经膜生物反应器处理后用于景观灌溉。雨水收集:设计生态屋顶与透水路面,冲绳久米岛年收集雨水 10 万吨,满足 50% 的非饮用水需求。第三,建筑材料本地化。利用珊瑚骨料、椰子壳纤维等本地材料替代水泥,降低隐含碳。如马尔代夫"珊瑚混凝土"项目减少建材运输碳排放 60%,同时提升建筑抗盐蚀性能。

5.3.2 渔业型海岛零碳模式

渔业型海岛零碳模式的深层价值在于提供了一种兼顾渔业发展与零碳建设的创新路径。这种模式强调系统整体性,注重发挥海岛独特的海洋资源优势和渔业生产属性,以零碳海岛建设为导向,通过渔业结构优化、生产方式转型和海洋生态系统修复,最终实现海岛区域的零碳发展目标。

5.3.2.1 发展现状

海岛渔业资源分布地理差异明显。从海域差异看,东海、渤海、黄海海域的渔业资源相对丰富,构成了我国海岛渔业发展的核心区域。东海海域拥有的海岛数量占据全国总数的六成以上，其确权的海岛渔业用海面积更是达到全国海岛海域面积的一半。这种空间分布特征与自然地理条件和历史发展进程密切相关。渤海和黄海虽然海岛数量相对较少，但得益于众多大陆河川的注入，以及适宜的水深和温度条件，形成了优质的渔业生产环境。海水温度适中、流动平缓的特点为各类水产品的繁育提供了良好条件。南海地区虽然拥有数量可观的海岛，但由于海岛面积普遍较小，难以形成规模化的渔业生产基地，制约了渔业经济的发展。从行政区划看，福建省与浙江省在海岛渔业发展中占据重要地位，两省的海岛海域渔业用海面积各占全国海岛海域渔业确权使用面积的45%左右。这种区域集中性反映了历史传统和政策支持的双重影响。广东省、山东省及辽宁省紧随其后，海岛海域渔业用海面积占比为17%—30%。这种区域分布格局形成了我国海岛渔业发展的"南北双核、东部集中"的空间特征[101]。

近海养殖在海岛渔业生产中占据绝对主导地位，而深海养殖的比重极其有限。这种结构性失衡反映了技术水平和产业升级的局限性。随着"深蓝1号"等创新性养殖装备的投入使用，我国海洋养殖正在从近海向深海拓展。2018年7月，全球首个全潜式深海养殖装备"深蓝1号"在黄海海域正式启用，开创了我国深海养殖的新纪元。这一技术突破标志着海岛渔业生产方式正在发生深刻变革，向着更高层次演进。

在水产资源衰退和工业化快速发展的双重压力下，海岛渔业经济的增长面临严重制约。可利用渔业用海面积的限

第5章　中国海岛零碳模式设计

制、传统生产方式的局限、环境承载力的约束等因素，使大多数渔业海岛的发展陷入困境。当前的发展模式仍以劳动密集型和资源密集型为主，体现在海水养殖和近海捕捞等传统领域，创新驱动力不足。

海岛渔业与其他产业业态的联动不足。从国际经验来看，成熟的海岛经济往往形成了渔业、旅游和水产品加工业协调发展的良性格局。我国海岛渔业的产业链虽然涵盖了从种苗繁育到市场销售的完整环节，但各环节之间的协同性不足。根据统计数据显示，2023年，我国渔业经济总产值达32669.96亿元，其中渔业流通和服务业产值占比29.7%，但休闲渔业产值仅923.47亿元，占渔业经济总产值的2.83%，占渔业第三产业产值的比例未突破11%。这一数据表明，尽管休闲渔业规模较2017年有所增长，但其在渔业经济中的比重仍偏低，产业融合深度不足，这一数据表明，海岛渔业与旅游、文化、科普等领域的融合发展仍有巨大空间。

养殖技术的精细化和专业化水平不足。目前，15米等深线以内适于渔业养殖的海岛水域已趋于饱和，而15米至40米水域的利用率不足1%，40米以上深水域的开发才刚刚起步。渔船设备技术水平与发达国家存在明显差距，近海捕捞仍以传统的"船舶+渔网"的量产模式为主。我国海洋渔船呈现出"五多五少"的结构性问题：小型渔船多、大型渔船少，木质渔船多、钢质渔船少，老旧渔船多、新造渔船少，沿岸渔船多、远海渔船少，能耗投入多、效益产出少。这种结构性失衡严重制约了渔业生产效率的提升。

海域生物资源利用效率不足。我国海洋捕捞以近海为主，捕获的水产品以低值鱼类和贝类为主，导致产品出现"产量低、质量差、附加值不高"的局面。从水产品深加工业发展情况看，海水产品加工率仅为63.42%，产品附加值普遍偏低。冷链物流体系的不完善进一步加剧了这一问题，企业发展水平参差不齐，渔民收入存在较大不确定性。与发达国家相比，我国的冷库总量虽然基本与美国持平，但人均拥有量仅为美国的1/4，日本的1/3，冷链车辆的合规性也存在问题。

5.3.2.2 零碳建设面临的挑战

在生产系统方面，渔业生产系统的高碳特征构成了最主要的制约因素。一是传统渔业生产方式仍然高度依赖化石能源，能源结构的转型相对滞后。尽管海岛地区具备发展清洁能源的优越条件，但在实际应用中面临着技术瓶颈和经济性制约。渔船动力系统的清洁化改造进展缓慢，大量渔船仍采用传统柴油发动机，能源效率低下且污染排放严重。渔业设施的能源利用效率普遍不高，特别是在水产品加工、冷藏储运等环节，能源浪费现象突出。二是渔业装备技术的落后直接影响着产业的碳排放强度。现有渔船呈现出"五多五少"的结构性问题：小型渔船多、大型渔船少，木质渔船多、钢质渔船少，老旧渔船多、新造渔船少，沿岸渔船多、远海渔船少，能耗投入多、效益产出少。这种装备结构导致单位产出的能源消耗居高不下。特别是在近海捕捞领域，传统的"船舶加渔网"的量产模式能源利用效率低下，技术装备与美、日、韩等发达国家相比存在明显差距。三是深海养殖技术的应用不足也制约着产业升级，15米至40米水域的利用率不到1%，40米以上深水域的开发才刚刚起步，这种空间利用结构限制了产业向深远海发展。四是产业链条的碳足迹问题关注不足。从上游的种苗繁育到下游的加工销售，各环节的能源消耗和碳排放缺乏系统性的管控。养殖环节的投入品，如饲料生产、药品使用等，都存在较高的碳足迹。水产品加工业的技术水平相对落后，加工率仅为63.42%，大量初级产品的粗放加工不仅浪费资源，也增加了碳排放。冷链物流体系的不完善更加剧了这一问题，冷库总量虽与美国相当，但人均拥有量仅为美国的1/4、日本的1/3，冷链车辆的规范性也存在问题，这导致能源利用效率低下[102]。

在生活系统方面，渔业社区的生产生活方式转型滞后。渔民的生产习惯仍以传统方式为主，对新型节能减排技术的接受度不高；生活方式的转变缺乏有效的引导机制，能源使用习惯和消费模式仍停留在高碳阶段；社区环保意识的培育不够系统，环境教育的效果难以持续；渔业文化的传承与创新未能很好地融入低碳发展理念，这影响着社区整体的转型进程。

在生态系统方面，渔业生态系统本身具有脆弱性特征，过度捕捞和不合理养殖导致生态系统的碳汇功能受到损害。特别是在近海海域，水产资源的衰退直接影响着生态系统的平衡；海水养殖对海洋环境的影响也不容忽视，围海养殖和网箱养殖等传统方式往往造成局部海域的环境恶化；生态修复工程的实施缺乏系统性思维，难以形成持续的生态效益；海洋牧场建设虽有一定进展，但在碳汇功能的提升方面还有待加强。

系统协同层面存在明显短板。生产系统的转型缺乏生活系统的配合，新型渔业装备和技术的推广往往受到传统生产模式的制约；生活系统的改变未能得到生产系统的有效支撑，渔民采用节能减排技术的意愿受到成本和效益的限制；生态系统的保护与渔业生产发展之间的矛盾日益突出，平衡机制尚未建立，这种协同不足导致零碳转型的整体效果难以显现。

5.3.2.3 渔业降碳主导型零碳模式设计与实施路径

根据前文分析，渔业型海岛零碳化重点关注渔业降碳、生态碳汇提升等方面。根据不同海岛渔业产业结构的差异，可设计渔业场景化主导降碳型零碳模式和链式降碳型零碳模式两类（见图5-4）。其中，前者适用于谋求横向扩展的渔业海岛，后者适用于谋求纵向延伸的渔业海岛。

图5-4 渔业型海岛零碳模式

第5章 中国海岛零碳模式设计

（1）渔业场景化降碳型零碳模式。

①模式内涵与框架设计。

渔业型海岛作为海洋经济与生态系统的交汇节点，其传统发展模式长期面临资源消耗高、碳排放强度大、生态承载力脆弱等挑战。在"双碳"目标驱动下，场景化降碳型零碳模式主要通过整合渔光互补、海洋碳汇增强、渔船电气化、渔港零碳改造和渔业副产品资源化利用五大核心路径，构建"生产低碳化、生态资本化、设施智能化、废物资源化"的可持续发展体系。该模式适用于拥有渔业产业基础且谋求渔业横向扩张的海岛，旨在依托产业生态学等理论方法，通过技术适配、空间重构、资源循环利用与制度创新，实现渔业增效、碳排减量与生态增值的协同目标。具体实施框架包括：

生产场景：以渔光互补系统重构养殖空间，以电动渔船替代传统动力；

生态场景：通过红树林修复与海洋牧场建设增强碳汇功能，通过废弃物资源化利用降低资源消耗强度；

设施场景：建设零碳渔港与智慧能源网络；

制度场景：创新碳汇交易机制与渔业绿色认证体系。

②实施路径与技术方案。

渔光互补：空间复用与能源替代。第一，复合型光伏养殖系统设计。在近海网箱、池塘等养殖区上方架设光伏板，形成"上光下渔"立体生产模式。以江苏省如东"渔光一体"项目为例，2000亩养殖塘铺设双玻光伏组件（效率21.5%），年发电量达6000万度，覆盖养殖区80%的电力需求，同时通过遮阳效应将水温波动控制在±2℃内，鱼虾存活率提升15%。关键技术包括：抗腐蚀支架、智能运维系统和生态友好布局。第二，多能互补与储能配置建设。针对光伏间歇性问题，构建"光伏+波浪能+储能"混合供电系统。浙江省舟山虾峙岛项目在网箱区布设漂浮式光伏与摆式波浪能装置，配套锌溴液流电池，实现全天候稳定供电，替代柴油发电机后年减排CO_2 1.2万吨。第三，产业链延伸与增值。将绿电用于冷链物流与加工环节，形成"光伏养鱼——绿电制冰——低碳运输"闭环[103]。

海洋碳汇：生态修复与价值转化。第一，生态系统修复工程。红树林再造，在潮间带种植耐盐碱树种，提升碳汇能力；海草床恢复，采用底播种子与移植草皮结合技术，提升海草覆盖率，增加固碳能力；人工鱼礁碳汇，投放生态混凝土礁体，促进贝类附着生长。第二，碳汇计量与市场化交易。参照《滨海湿地碳汇计量指南》，结合无人机航测与沉积物柱状采样，核算碳储量变化，构建MRV体系；搭建"蓝碳链"，将碳汇资产拆分，推动企业通过竞拍抵消碳排放，形成区块链确权平台；推动地方碳市场开设蓝碳交易板块，探索与国际VCS标准互认。

渔船电气化：动力革新与运营优化。第一，混合动力渔船推广应用。对大型远洋渔船推广"柴油——电力"混合动力系统，降低渔船柴油消耗量。第二，纯电动渔船技术研发。积极研发适用海洋"大浪、高腐蚀"环境的高能量密度电池，满足渔船海上作业需求。第三，构建岸电补给网络。在渔港建设智能充电桩，保证电气化渔船用电方便。

渔港零碳改造：基础设施升级与循环体系构建。第一，能源系统重构。分布式光伏覆盖，在码头仓库、冷链中心屋顶安装光伏发电设施；冷能综合利用，LNG 接收站冷能用于制冰与冷库制冷，提升能源综合利用水平。第二，废弃物资源化体系建设。通过鱼内脏厌氧发酵、废弃渔网再生、海洋垃圾资源化利用，推动废弃物资源化利用。第三，智慧化管理平台建设。集成物联网与数字孪生技术，实时监控渔船位置、冷链温控与能源消耗，提高配置效率和用能效率。

（2）渔业链式降碳型零碳模式。

①模式内涵与框架设计。

渔业型海岛作为海洋经济的重要组成部分，其产业纵向延伸涉及捕捞、养殖、加工、物流及市场终端全链条。传统渔业模式因高能耗、高排放、资源利用粗放等问题，难以适应"双碳"目标要求。链式降碳型零碳模式以产业链纵向协同为核心，通过深海渔场低碳建设、海洋牧场增汇、精深加工低碳升级、冷链物流低碳改造及渔业碳标识认证五大环节的有机联动，构建"资源节约——排放控制——价值增值"的闭环体系。该模式适用于具备深海开发潜力、产业基础完善、政策支持明确且谋求打造渔业全产业链的海岛，旨在实现渔业全生命周期碳中和，同时提升产业附加值与生态韧性。实施框架：

生产端：以深海渔场低碳化与海洋牧场增汇为核心，降低前端碳排放；

加工端：通过能源替代与工艺革新实现精深加工环节减排；

流通端：构建绿色冷链物流网络，减少储运过程碳足迹；

市场端：以碳标识认证引导消费选择，形成市场倒逼机制。

②实施路径与技术方案。

深海渔场低碳建设：技术创新与能源替代。第一，深远海养殖设施低碳化。采用抗风浪网箱与智能化投喂系统，结合可再生能源供电，降低柴油依赖。关键技术包括：复合能源系统建设、智能投喂算法开发和碳汇型养殖技术。第二，低碳捕捞技术创新。推广选择性捕捞工具与节能型渔船，减少副渔获物与燃油消耗。

海洋牧场增汇：生态修复与碳汇金融。第一，多层级碳汇系统构建。增殖大型藻类，增加表层碳汇规模；建设人工鱼礁群，提升中层碳汇能力；恢复海草床与红树林，保护底层碳汇水平。第二，碳汇资产开发与交易。采用《滨海湿地碳汇计量指南》，结合无人机航测与沉积物柱状采样，核算碳储量变化，构建 MRV 体系；搭建"蓝碳链"，将碳汇资产拆分，推动企业通过竞拍抵消碳排放；推动地方碳市场开设蓝碳交易板块，探索与国际 VCS 标准互认；发行蓝碳债券，吸引社会资本参与生态修复。

精深加工低碳升级：工艺革新与循环利用。第一，能源结构优化。加工厂屋顶安装光伏，余电制氢用于高温杀菌环节；利用热泵技术回收蒸煮废水热能，满足车间供暖需求。第二，废弃物资源化利用。酶解技术提取鱼胶原蛋白肽，残渣制成鱼粉饲料，提高鱼副产物高值利用率；积极推动中水回用，实现废水处理闭环。第三，低碳包装创新。采用海藻提取物制备可降解包装膜，通过降低传统塑料使用量实现降碳增效目标。

冷链物流低碳升级：绿色装备与智能调度。第一，运输工具电气化。积极推广使用电动冷藏车、氢能冷藏船，降低化石能源使用量。第二，搭建智慧物流系统。实时监控冷链温度、车辆位置与库存状态，优化路径降低空驶率；建设光伏冷库，推动冷链环节节能降碳。第三，推广包装循环体系。推广可折叠保温箱与共享冰袋，降低物流成本和物质损耗。

渔业碳标识认证：市场驱动与价值实现。第一，碳足迹核算标准化。建设涵盖渔船燃油、饲料生产、加工能耗等全工序的 LCA 数据库；建设动态标签系统，实现二维码链接溯源，保证消费者可查看产品全生命周期碳排放。第二，认证体系与溢价机制设计。开展分级认证，如设立"一星至五星"碳标识，反映产品碳排放强度；设计溢价机制和策略，倒逼渔产品低碳化。第三，消费者行为引导。积极设计碳积分奖励，购买低碳产品获积分兑换生态旅游名额；与知名环保组织合作认证，增强市场信任度。

5.3.3　贸易型海岛零碳模式

贸易型海岛零碳模式的深层价值在于提供了一种兼顾开放发展与零碳建设的创新路径，通过构建清洁能源支撑、低碳贸易运营和生态系统保护的协同发展框架，实现海岛经济发展与碳减排目标的统一。

5.3.3.1　发展现状

国内贸易型海岛作为我国对外开放的重要窗口，展现出独特的发展优势和显著的区域特征。这类海岛普遍具有优质的港口资源和深水岸线资源，海域宽阔，良港众多，且多数靠近国际主要航道，为发展贸易经济提供了得天独厚的自然条件。从区位特征来看，这些海岛大多处于经济活跃地区的核心位置，具有连接国际、国内市场的枢纽功能，港口经济腹地广阔，发展潜力巨大。

制度创新成为贸易型海岛发展的突出特征。目前，我国已在海南探索实施"一线放开、二线管住、岛内自由"的管理模式，在外贸、投融资、财税政策、金融创新、出入境等方面赋予特殊政策。这些海岛普遍实行负面清单管理制度，对清单以外领域采取备案制，极大地提升了营商便利度。通过实施特殊的通关制度、财税政策、土地政策及创新的金融政策，部分海岛的营商环境已经接近国际先进水平。

贸易型海岛的服务功能不断完善。除了基础的海关和贸易功能外，这些海岛已经形成了包括海事服务、法律服务、经纪服务、金融服务在内的综合性服务体系。特别是在贸易便利化方面，通过创新通关模式，实施"人员、交通运输工具和货物"的分类管理，建立了高效的通关体系。同时，金融服务创新持续推进，离岸金融业务逐步发展，为贸易发展提供了有力支撑。

基础设施建设日益完善。硬件设施方面，港口码头设施不断升级，集装箱运输、散货运输等功能齐全，具备开辟大型锚地和中转基地的条件。软件设施方面，已经建立起涵盖外贸服务、港口物流、金融服务、海铁联运、网络信息等在内的综合配套体系。特别是在智慧港口建设方面，通过数字化技术应用，实现了港口运营效率的显著提升。

产业体系逐步优化。以高端服务业为主导的现代产业体

第5章 中国海岛零碳模式设计

系正在形成，涵盖国际商务、离岸金融、高新技术等多个领域。部分海岛已经形成了特色产业集群，如文化科教、生命健康等新兴产业，推动产业结构向高端化、现代化方向转型。这种产业结构的优化不仅提升了海岛经济的质量，也增强了国际竞争力。

区域协同发展成效显著。贸易型海岛通过创新合作机制，积极推进与周边地区的融合发展。以横琴岛为例，通过深化粤港澳合作，聚合了珠三角的资源、产业、科技优势与港澳的人才、资金、管理优势，形成了合作方式灵活、合作主体多元、合作渠道顺畅的新机制。这种区域协同发展模式为海岛经济发展提供了新动能。

贸易型海岛正在成为对外开放的重要平台。通过实施更加开放的贸易政策，这些海岛允许外国船舶自由进出，实行外国货物免税进口政策，取消进口货物的配额管制，对境外入区货物实施免税或保税政策。这种高水平开放不仅促进了贸易便利化，也提升了海岛的国际影响力。

5.3.3.2 零碳建设面临的挑战

在生产系统方面，首先，体现在能源结构的高碳特征上。目前，大多数贸易型海岛仍然高度依赖传统化石能源，港口码头、仓储物流、运输装卸等核心环节的能源消耗以化石能源为主。虽然海岛地区具有发展太阳能、风能、海洋能等可再生能源的天然优势，但因分布式能源系统的建设相对滞后，智能微电网技术应用不足，难以实现能源供需的精准匹配和高效调节。能源基础设施的数字化、智能化水平不高，能源调度效率和利用效率难以满足贸易活动的实际需求。其次，贸易产业体系的碳排放强度较高。当前海岛贸易产业仍以传统物流运输和仓储服务为主，产业形态相对单一。特别是在港口作业环节，大量装卸设备和运输工具的能源利用效率较低，节能技术应用不到位。航运领域以高碳排放的传统燃油运输为主，清洁能源船舶的使用比例偏低。

在生态系统方面，面临贸易开发与生态保护的矛盾。海岛生态系统本身具有脆弱性特征，在贸易开发过程中容易受到破坏。目前，一些海岛的生态空间遭到港口建设和物流设施的过度侵占，生态系统的碳汇功能受到损害。海岸带生态系统的保护不够有力，红树林、滨海湿地等具有重要碳汇价值的生态系统面临退化威胁。生态修复工程的系统性不足，修复效果难以持续。生态监测体系不够完善，难以及时发现和应对生态风险。这些问题严重影响着海岛生态系统的碳汇能力和生态服务功能。

在生活系统方面，贸易型海岛因其贸易活动频繁，对港口、交通等基础设施依赖度高，其生活系统低碳化面临诸多问题。在交通方面，频繁的货物运输和人员往来依靠高碳排的船舶、车辆，且岛际交通不便，电动等低碳交通工具推广应用难度大。在建筑方面，为满足贸易相关的仓储、办公等需求，建筑往往注重功能而非节能，老旧建筑多，节能改造任务重。在废弃物处理方面，贸易活动产生大量包装等垃圾，而海岛空间有限，垃圾处理设施不足，资源回收利用体系不完善。在低碳意识方面，贸易型海岛经济发展压力大，居民低碳意识也因注重经济利益而有待提高。

5.3.3.3 物贸全链条降碳主导型零碳模式设计与实施路径

（1）模式内涵与框架设计。

贸易主导型海岛的经济活动高度依赖港口物流与全球供应链，但传统贸易模式伴随高能耗、高排放与生态破坏问题。物贸全链条降碳型零碳模式是以循环经济理论、韧性城市理论和共享价值理论为指导，利用能源替代、空间优化、行为引导和系统协同等方法，推动港口零碳化、物流低碳化、海湾生态化、消费绿色化与系统智慧化。该模式旨在通过"硬技术突破——软制度创新——系统化协同"重构"生产——流通——消费"全链条，实现贸易增长与碳中和目标的动态平衡（见图5-5）。实施框架：

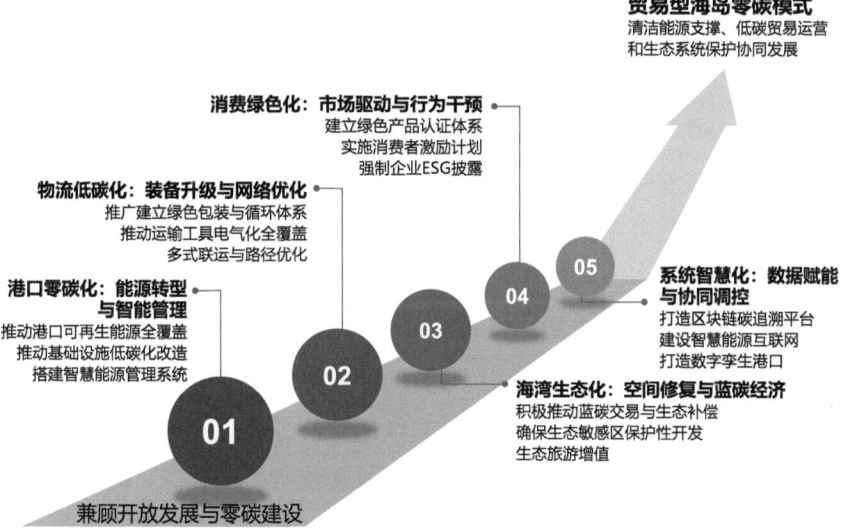

图 5-5　贸易型海岛零碳模式

前端减排：港口能源结构转型与物流网络优化；

中端增汇：海湾生态系统修复与蓝碳价值开发；

末端引导：绿色消费认证与碳普惠制度；

全域支撑：智慧物联系统与数字孪生平台。

（2）实施路径与技术方案。

港口零碳化：能源转型与智能管理。第一，推动港口可再生能源全覆盖。在港口水域、厂顶部署光伏发电组件，在航道闸口安装双向涡轮机组，推动港口用电绿色化；利用绿电电解水制氢，为岸桥、拖轮供能，实现港口柴油全替代。第二，搭建智慧能源管理系统。集成光伏、储能与燃料电池，通过AI算法预测负荷波动，保障微电网供电可靠性。第三，推动基础设施低碳化改造。在仓库安装屋顶光伏、相变材料，打造绿色仓储模式；在LNG接收站等重点领域积极推广使用碳捕捉封存技术，减少碳排放。

物流低碳化：装备升级与网络优化。第一，推动运输工具电气化全覆盖。积极推广使用电动公交、电动集卡、氢能货轮等交通运输工具。第二，多式联运与路径优化。通过区块链共享货运数据，实现海铁、海陆联运智能调度，提高运输效率，降低空箱率；积极探索建立无人机配送网络，降低物流成本和能源消耗。第三，推广建立绿色包装与循环体系。推广海藻基材料制备的可降解集装箱和包装箱，打造回收、降解、再利用体系，降低物料消耗。

海湾生态化：空间修复与蓝碳经济。第一，确保生态敏感区保护性开发。积极利用无人机播种与生态浮床技术，修复扩大种植红树林面积，提高林业碳汇规模；积极推动人工培育珊瑚礁项目建设，提高珊瑚覆盖率；部署水下机器人，实时监测保护海草床,增加海洋碳汇能力。第二,积极推动蓝碳交易与生态补偿。积极开发碳金融、碳债券、碳信用等产品和机制,弥补生态保护资金缺口。第三,生态旅游增值。开展低碳景区认证、设立环境教育体验基地,提高生态保护的经济价值。

消费绿色化:市场驱动与行为干预。第一,建立绿色产品认证体系。制定碳标签制度,强制要求进口商品标注全生命周期碳排放;推动零碳商场试点,对入驻品牌实施碳足迹准入限制。第二,实施消费者激励计划。采用碳积分、绿色消费券等手段,激励消费者重视消费绿色化、低碳化。第三,强制企业 ESG 披露。通过强制碳披露,倒逼企业供应链减排。

系统智慧化:数据赋能与协同调控。第一,打造数字孪生港口。集成 GIS、IoT 与 AI 技术,实时监测港口能耗与碳排放,提出实施减排方案;搭建智能预警系统,通过机器学习预测设备故障,缩短故障响应时间。第二,打造区块链碳追溯平台。运用区块链技术为商品提供商品溯源、碳足迹溯源平台,并提供数据共享功能,为跨境贸易打通碳排放数据孤岛,提高贸易效率。第三,建设智慧能源互联网。聚合分布式光伏与储能参与电力市场,建立虚拟电厂,引导企业错峰用能,提高能源利用效率。

5.3.4 新能源产业型海岛零碳模式

新能源产业型海岛与前面三种海岛类型不同,前面三种海岛是依托资源禀赋形成的产业模式,新能源产业型海岛更多是为应对"双碳"目标,对自身能源禀赋的被动挖掘,为实现能源转型和经济效益协同,不断完善新能源产业链形成的特色海岛。因此,该种类型海岛可能属于前三种类型的某一类,无互斥性。

5.3.4.1 发展现状

根据《中国海洋发展报告》统计数据,我国近海海域拥有丰富的可再生能源资源,为新能源产业型海岛的发展奠定了坚实基础。其中潮汐能蕴藏量达19286万千瓦,主要分布在东海沿岸,特别是福建省和浙江省沿海地区;波浪能蕴藏量1600万千瓦,以台湾地区沿岸资源最为丰富;近岸海上风能蕴藏量高达88300万千瓦,在福建省、江苏省和山东省沿海形成集中分布带;潮流能蕴藏量833万千瓦,以浙江省沿岸最为突出;近海温差能蕴藏量36713万千瓦,主要分布在南海海域。这种多元化的能源资源结构为海岛新能源产业发展提供了多样化的选择路径。

新能源产业型海岛的技术体系建设取得显著进展。在潮汐能领域,通过持续的技术创新和工程实践,已形成相对成熟的开发利用技术体系。特别是以 LHD-L-100 模块化大型海洋能发电机组为代表的技术突破,有效解决了潮流能发电稳定性难题,标志着我国在该领域已达到国际领先水平。在海上风电领域,围绕送电系统与并网技术的系统性研究取得重要进展,为大规模海上风电开发奠定了技术基础。波浪能发电技术实现自主创新,以"鹰式波浪能发电技术和整套装备设计"为代表的技术成果展现出较强的工程应用价值。

产业布局呈现出区域集聚与梯度发展的特征。东部沿海地区已形成以海南、江苏省、浙江省为代表的新能源产业集聚带。其中，海南省依托丰富的太阳能和海洋能资源，重点发展光伏产业和海洋能产业；江苏省扬中岛、车牛山岛等立足风能资源优势，大力发展海上风电产业；浙江省象山屏风岛、海山岛和温州南麂列岛等充分利用多元化能源资源，构建综合性新能源产业体系。

产业链条建设展现出完整性与系统性的特点。在装备制造环节，已形成覆盖风电装备、光伏组件、海洋能发电设备等完整的产业链条。特别是在海上风电装备领域，通过技术引进与自主创新相结合，培育了具有国际竞争力的装备制造体系。在工程服务环节，发展了包括资源评估、工程设计、施工建设、运营维护等在内的全过程服务能力。在技术服务环节，构建了涵盖研发设计、测试认证、标准制定等专业化服务体系。

5.3.4.2 新能源产业型海岛零碳模式设计

新能源产业型海岛根据其能源禀赋可分为风能主导型、太阳能主导型和海洋能主导型三类。该类型海岛因新能源资源充足，符合国家相关开发规定，较易完成海岛零碳化目标。在"双碳"目标下，该类海岛的零碳模式可看作是以新能源消纳和经济发展为目标的新能源产业链延伸。综上所述，新能源产业型海岛零碳模式可概括为三类，分别是风电主导型产业链一体化降碳模式、光伏主导型产业链一体化降碳模式和海洋能主导型产业链一体化降碳模式（见图5-6）。每一类模式从纵向看基本一致，主要涉及技术研发、装备制造、多场景开发、多元化利用四个路径。

图 5-6 新能源产业型海岛零碳模式

(1) 风电主导型产业链一体化降碳模式。

①模式内涵与框架设计。

对于风能资源丰富且政策支持明确的海岛而言,风电主导型产业链一体化降碳模式是实现零碳目标的最优路径之一。该模式以风电开发为核心,通过技术研发、装备制造、多场景应用与多元化利用的垂直整合,构建"资源开发——产业延伸——经济增值"的闭环体系,推动海岛从能源消费端向生产端转型,最终实现能源自给、产业升级与碳中和的协同目标。其实施框架:

上游:风机研发制造、零部件本地化生产;

中游:海上/陆上风电场建设与智能运维;

下游:绿电制氢、海水淡化、渔业养殖、数据中心等高载能产业导入。

②实施路径与技术方案。

技术研发:从风机创新到系统优化。第一,大型化与抗台风风机设计。研发超大型海上风机,提高风能利用效率,适应深海复杂工况;研发抗台风技术,保障风机在台风期间安全运行。第二,智能化运维体系建设。搭建数字孪生平台,精准预测部件故障,提升运维效率,降低运维成本。第三,多能互补系统集成。推动风电——储能协同、风电——光伏互补,提升新能源综合利用效率。

装备制造:本地化生产与集群发展。第一,核心部件本地化。积极布局叶片制造、塔筒与基础等生产基地,提高当地经济发展水平。第二,做好产业链延伸配套服务。发展风电安装船、运维母船等特种船舶配套服务,以及电器设备的本地化生产。第三,发挥产业集群效应。建设产业园区,形成研发——制造——服务全链条集群,带动当地就业。

多场景开发:海陆并举与综合利用。第一,海上风电规模化开发。包括固定式与漂浮式等多种风电开发类型。第二,陆上风电分布式布局。积极推广低风速风机和社区微电网建设。第三,风电制氢与储能设施建设。利用多余风电制备绿氢,一方面替代柴油;另一方面将富余风电转化为液氢储存,发挥氢储能调峰作用。

多元化利用:高载能产业与生态增值。第一,打造绿电——海水淡化产业链,降低用水成本。第二,电力外送与区域协同。通过建设海底电缆联网,实现陆岛能源协同。第三,打造绿电——养殖产业链,提升渔业低碳化水平。

(2)光伏主导型产业链一体化降碳模式和海洋能主导型产业链一体化降碳模式。

光伏主导型产业链一体化降碳模式和海洋能主导型产业链一体化降碳模式与风电主导型产业链一体化降碳模式的内涵、框架和实现路径基本一致,本章不再赘述。

5.3.5 海岛资源互补与合作模式

海岛资源互补与合作模式是在单一功能海岛零碳转型基础上的系统性提升。伴随着海岛经济与周边区域的深化发展，海岛与海岛之间、海岛与陆地区域之间、海岛与湾区之间均呈现出显著的联动需求与合作潜力。这种多元化的协同格局为构建更大范围、更高水平的零碳发展体系提供了重要基础。通过建立起海岛间、海陆间、岛湾间的资源共享、产业协同和功能互补机制，能够有效突破单一区域发展的资源"瓶颈"与规模限制，实现更为系统的零碳转型。

5.3.5.1 海岛资源互补与合作思路

海岛资源互补与合作模式的核心在于打破传统的区域分割发展路径，建立起多维度的协同发展格局。不同类型的海岛之间在自然资源、产业基础、创新能力等方面存在互补性；海岛与陆地区域之间在要素流动、产业配套、市场联系等方面具有协同性；海岛与湾区之间在区位优势、功能定位、发展潜力等方面表现出融合性。这些差异性特征既是制约单一区域发展的短板，也是推动区域协同的重要动力。建立"规划协同——利益共享——监测评估"三位一体合作机制，通过联合编制《海岛群零碳发展规划》、设立跨区域碳汇交易平台、定期发布《海岛协同发展白皮书》等方式，推动岛屿间优势互补、资源共享，进而带动区域整体的低碳转型。

海岛资源互补与合作模式的设计需要立足区域功能定

第5章 中国海岛零碳模式设计

位,充分考虑不同空间单元的资源禀赋与发展诉求。在海岛间合作方面,要注重发挥各类海岛的功能优势,如旅游型海岛的生态价值、渔业型海岛的资源优势、新能源型海岛的能源潜力等。在海陆联动方面,要重视陆地区域的产业基础、市场规模、创新能力对海岛发展的支撑作用。在岛湾协同方面,要充分发挥湾区经济的集聚效应与辐射带动作用。通过构建多元化的合作模式,可以有效整合各类区域的优势资源,形成优势互补、互利共赢的发展格局。

在具体实践中,海岛资源互补与合作模式需要重点关注四个关键维度。一是空间尺度的科学把握,既要立足海岛本体发展需求,又要兼顾更大范围的区域协同。二是合作领域的系统布局,通过能源互济、产业协同、创新联动等多个层面的深度合作,形成全方位的发展支撑。三是运行机制的有效构建,建立健全规划衔接、项目协同、利益分配等方面的制度安排。四是支撑体系的协同推进,加强基础设施互联互通、公共服务共建共享、生态环境联防联控等领域的统筹发展。

5.3.5.2 "产业联动——创新互补——生态协同"岛(区)融合零碳模式设计与实施路径

(1) 模式内涵与框架设计。

在全球气候治理与区域经济一体化的双重驱动下,岛屿及周边区域因其资源分散性、生态脆弱性与经济依赖性,亟须探索跨空间协同降碳路径。"产业联动——创新互补——生态协同"岛(区)融合降碳模式以区域资源禀赋为基础,通过岛屿间、岛屿与湾区、岛屿与内陆的产业分工协作、技术创新共享与生态系统联防联治,构建"空间联动——要素流动——价值共生"的低碳发展网络,旨在破解单一区域资源约束,实现降碳与经济增长的协同目标(见图5-7)。其实施框架:

横向联动:岛屿间形成差异化产业分工;

纵向协同:岛屿——湾区——内陆构建"研发——生产——市场"垂直链条;

全域共生:生态保护红线、碳汇交易与绿色基础设施互联互通。

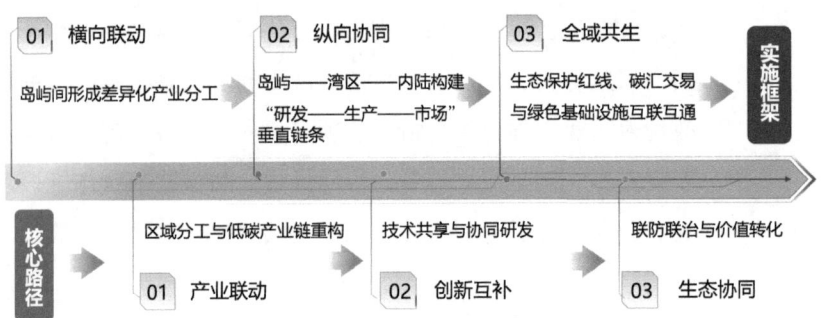

图5-7 海岛资源互补与合作模式

(2)实施路径与技术方案。

产业联动:区域分工与低碳产业链重构。第一,岛屿间产业互补。通过新能源富集岛屿和高能耗岛屿之间的协同,实现协同降碳目标。如新能源——制造协同、新能源——旅游协同、新能源——渔业协同等。第二,岛屿——湾区产业链延伸。岛屿利用绿电制氢,通过湾区港口输往内陆钢铁企业,替代焦炭炼钢;湾区回收废钢、塑料等资源,在岛屿建

第 5 章 中国海岛零碳模式设计

设再生材料加工基地,打造循环经济网络。第三,岛屿——内陆市场协同。内陆城市设立"零碳商品专区",优先采购岛屿认证的低碳农产品与工业品;通过特高压通道将岛屿绿电输送至内陆电网。

创新互补:技术共享与协同研发。第一,共建岛屿间技术协作平台。积极共建海洋能研发联盟、低碳技术转移中心等,共同研发突破关键技术。第二,搭建岛屿——湾区创新走廊。通过构建产学研联合体、数字孪生平台等,共同在风光储智能调度系统研发与应用领域开展合作。第三,岛屿——内陆技术适配。内陆企业为海岛研发耐腐蚀、抗盐雾设备,保障岛屿基础设施建设。互相输出生态修复技术,助力双方生态保护。

生态协同:联防联治与价值转化。第一,建设跨区域生态修复网络。跨区设定海洋生态廊道,联合开展生态修复工程,解决资金不足限制,提升抵御自然灾害能力。第二,碳汇统筹与交易机制设计。岛屿和内陆共建蓝碳交易中心,合作开发碳金融产品,提高碳交易可能性;设立生态补偿基金,由内陆省份按用电量比例向沿海岛屿支付碳汇补偿金,用于珊瑚礁人工培育等。第三,绿色基础设施互联。联合开展跨海生态和智慧监测网络,实时共享赤潮、酸化等生态数据。

参考文献

[1] Untied Nation. United Nations Convention on the Law of the Sea [M]. 1982.

[2] 全国人民代表大会常务委员会. 中华人民共和国海岛保护法 [S]. 北京：中国法治出版社，2009.

[3]《中国海岛志》编纂委员会. 中国海岛志 [M]. 北京：海洋出版社，2013.

[4] 国家海洋局. 海洋学术语 海洋地质学：GB/T 18190—2017 [S]. 北京：中国标准出版社，2017.

[5] 浙江省海洋与渔业局. 浙江省海岛保护规划（2017—2022 年）[R]. 2017.

[6] 吴烨. 我国无居民海岛开发利用法律制度研究 [D]. 重庆：西南政法大学，2009.

[7] 浙江省自然资源厅. 浙江省自然资源公报 [R]. 2018.

[8] 杨成平. 中国海岛县循环经济发展研究 [D]. 福建师范大学，2023.

[9] 马翔，宋静静. 中国海岛经济发展模式与可持续性评价研究 [M]. 北京：中国财政经济出版社，2019.

[10] 中国海洋发展研究中心. 中国海岛保护与管理工作进展及发展思路 [J]. 海洋开发与管理, 2017, 34 (4): 1-6.

[11] 李晓冬, 吴姗姗. 海洋权益维护背景下边远海岛的战略地位及管理对策 [J]. 世界地理研究, 2016, 25 (1): 39-48.

[12] Chi Y, Liu D H, Xing W X, et al. Island ecosystem health in the context of human activities with different types and intensities [J]. Journal of Cleaner Production, 2021, 281: 125334.

[13] 吴姗姗. 海岛生态修复成效综合评价指标体系研究 [J]. 海洋环境科学, 2024, 43 (3): 1-10.

[14] 孙湫词, 谭勇华, 李家彪. 新时代我国海岛的生态保护和开发利用 [J]. 海洋开发与管理, 2018, 35 (8): 22-27.

[15] 曹梦云. 海岛循环经济的文献综述 [J]. 环境保护与循环经济, 2019, 39 (8): 4-7+12.

[16] 王诗成. 海洋生态经济路径研究与实践 [M]. 青岛: 海洋出版社, 2012.

[17] 烟台市人民政府. 长岛国际零碳岛发展规划 (2023—2035 年) [R]. 烟台: 2024.

[18] 烟台市人民政府. 长岛国际零碳岛发展规划 (2023—2035 年) [R]. 烟台: 2024.

[19] 联合国气候变化大会. 巴黎协定 [Z]. COP21, 法国巴黎: 2015-12-12.

[20] 联合国气候变化框架公约秘书处. 第三届缔约方

会议的报告［R］.日本京都：1997.

［21］UNFCCC.国际零碳岛屿合作倡议［Z］.COP29气候大会，巴库：2024.

［22］牛文元.可持续发展理论的内涵认知——纪念联合国里约环发大会20周年［J］.中国人口·资源与环境，2012，22（5）：9-14.

［23］牛文元.中国可持续发展的理论与实践［J］.中国科学院院刊，2012，27（3）：280-289.

［24］佟贺丰，杨阳，王静宜，等.中国绿色经济发展展望——基于系统动力学模型的情景分析［J］.中国软科学，2015，（6）：20-34.

［25］赵瑞东，方创琳，刘海猛.城市韧性研究进展与展望［J］.地理科学进展，2020，39（10）：1717-1731.

［26］张明斗，冯晓青.中国城市韧性度综合评价［J］.城市问题，2018，（10）：27-36.

［27］陆学，陈兴鹏.循环经济理论研究综述［J］.中国人口·资源与环境，2014，24（S2）：204-208.

［28］付加锋，庄贵阳，高庆先.低碳经济的概念辨识及评价指标体系构建［J］.中国人口·资源与环境，2010，20（8）：38-43.

［29］李雪，孙霆锴，侯恺，等.地震灾害下海岛综合能源系统韧性评估方法研究［J］.中国电机工程学报，2020，40（17）：5476-5493.

［30］张跃胜，邓帅艳，张寅雪.城市经济韧性研究：理论进展与未来方向［J］.管理学刊，2022，35（2）：54-67.

[31] 方大春，张敏新. 低碳经济的理论基础及其经济学价值 [J]. 中国人口·资源与环境, 2011, 21 (7): 91-95.

[32] 舒印彪，薛禹胜，蔡斌，等. 关于能源转型分析的评述（一）转型要素及研究范式 [J]. 电力系统自动化, 2018, 42 (9): 1-15.

[33] 邓铭江，明波，李研，等. "双碳"目标下新疆能源系统绿色转型路径 [J]. 自然资源学报, 2022, 37 (5): 1107-1122.

[34] 赵云龙，孔庚，李卓然，等. 全球能源转型及我国能源革命战略系统分析 [J]. 中国工程科学, 2021, 23 (1): 15-23.

[35] 陈胜，卫志农，顾伟，等. 碳中和目标下的能源系统转型与变革：多能流协同技术 [J]. 电力自动化设备, 2021, 41 (9): 3-12.

[36] 张晓玲. 可持续发展理论：概念演变、维度与展望 [J]. 中国科学院院刊, 2018, 33 (1): 10-19.

[37] 邵亦文，徐江. 城市韧性：基于国际文献综述的概念解析 [J]. 国际城市规划, 2015, 30 (2): 48-54.

[38] 李兆前，齐建国. 循环经济理论与实践综述 [J]. 数量经济技术经济研究, 2004, (9): 145-154.

[39] Han F, Zeng J, Lin J, et al. A novel two-layer nested optimization method for a zero-carbon island integrated energy system, incorporating tidal current power generation [J]. Renewable Energy, 2023, 214: 119101.

[40] Cruz M A, Yahyaoui I, Fiorotti R, et al. Sizing and

energy optimization of wind/floating photovoltaic/hydro – storage system in order to Net Zero Carbon emissions on Brava Island [J]. Renewable Energy Focus, 2023, 47: 43 – 52.

[41] Shi S, Dong Z, Wang H, et al. Optimal Allocation of Zero – carbon Island Microgrid Considering Hybrid Energy Storage System [J]. 2024 9th Asia Conference on Power and Electrical Engineering (ACPEE), 2024: 1862 – 1866.

[42] Zhou Y, Yue H, Wu B, et al. Configuration and Optimization of Energy Storage Capacity of Zero Carbon Big Data Park with Multi – power Supply Coordination [J]. 12th International Conference on Power and Energy Systems (ICPES), 2022, 758 – 762.

[43] Wang Z, Jiang T, Liu G, et al. Study on Optimization of Consumption and Delivery Scheme of High – Proportion Renewable Energy Grid in Zero – Carbon Park Based on Cuckoo Search [J]. 2023 2nd International Conference on Clean Energy Storage and Power Engineering (CESPE), 2023, 207 – 211.

[44] Flessa A, Fragkiadakis D, Zisarou E, et al. Decarbonizing the Energy System of Non – Interconnected Islands [J]. The Case of Mayotte. Energies, 2023, 16 (6): 2931.

[45] Vourdoubas J. Islands with Zero Net Carbon Footprint due to Electricity Use. The Case of Crete, Greece [J]. European Open Access Publishing (Europa Publishing), 2021 (1): 37 – 43.

[46] Jung C, Kim C, Kim, S, et al. Analysis of environmental carrying capacity with emergy perspective of Jeju Island

[J]. Sustainability, 2018, 10 (5): 1681.

[47] Nuttall P, Newell A, Rojon I, et al. Pacific island domestic shipping emissions abatement measures and technology transition pathways for selected ship types [J]. Marine Policy, 2021, 132: 104704.

[48] Pfeifer A, Prebeg P, & Duić N. Challenges and opportunities of zero emission shipping in smart islands [J]. A study of zero emission ferry lines. 2020, 3: 100048.

[49] Zhe Hao, Jian Qian, Fang qin, et al. Human – influenced changes in pollution status and potential risk of sediment heavy metals in Xincun Bay, a typical lagoon of Hainan, China [J]. Marine Pollution Bulletin, 2024, 199: 115949.

[50] Soomauroo Z, Blechinger P, & Creutzig F. Unique Opportunities of Island States to Transition to a Low – Carbon Mobility System [J]. Sustainability, 2020, 12 (4): 1435.

[51] Zhu Y, Koutra S, & Zhang J. Zero – Carbon Communities: Research Hotspots, Evolution, and Prospects [J]. Buildings. 2022, 147: 11342.

[52] Liu H. Building a dwelling that remains carbon – neutral over its lifetime – A case study in Kinmen [J]. Journal of Cleaner Production, 2019, 212: 1374 – 1382.

[53] Duan Z, & Kim S. Progress in Research on Net – Zero – Carbon Cities: A Literature Review and Knowledge Framework [J]. Energies, 2023, 136: 14563.

[54] Vourdoubas J. Estimation of carbon emissions due to tourism in the island of Crete, Greece [J]. Journal of Tourism

and Hospitality Management, 2019, 7 (2): 1 – 10.

[55] Lee S, Wu S, & Li A. Low – carbon tourism of small islands responding to climate change [J]. World Leisure Journal, 2018, 60 (2): 235 – 245.

[56] Hsiao T. A study of the effects of co – branding between low – carbon islands and recreational activities [J]. Current Issues in Tourism, 2018, 21 (4): 529 – 546.

[57] Spiller M, Müller C, Mulholland Z, et al. Reducing Carbon Emissions from the Tourist Accommodation Sector on Non – Interconnected Islands: A Case Study of a Medium – Sized Hotel in Rhodes [J], Greece Energies, 2022, 15 (10): 3801.

[58] Namsaraev Z, Bobrik A, Kozlova A, et al. Carbon emission and biodiversity of Arctic soil microbial communities of the Novaya Zemlya and Franz Josef Land Archipelagos [J]. Microorganisms, 2023, 11 (2): 482.

[59] Song X, & Chen Z. Pathways for an island energy transition under climate change: The case of Chongming Island, China [J]. Frontiers in Energy Research, 2023, 11: 1173258.

[60] Bedulli C, Lavery P, Harvey M, et al. Contribution of seagrass blue carbon toward carbon neutral policies in a touristic and environmentally – friendly island [J]. Frontiers in Marine Science, 2020, 7: 581529.

[61] Cruz – Pérez N, Grūbe G, Ruiz - Peinado R, et al. Carbon neutrality of an island with 100% renewable energy production and forest as carbon sinks: El Hierro (Canary Islands) a

pilot for Europe [J]. Soil Use and Management, 2024, 40 (2): 13042.

[62] 靳俊喜, 雷攀, 韩玮, 等. 低碳经济理论与实践研究综述 [J]. 西部论坛, 2010, 20 (4): 97-103+107.

[63] 徐乾耀, 康重庆, 张宁, 等. 海上风电出力特性及其消纳问题探讨 [J]. 电力系统自动化, 2011, 35 (22): 54-59.

[64] 娄美珍, 俞国方. 产业生态系统理论及其应用研究 [J]. 当代财经, 2009, (1): 116-122.

[65] 黄维平, 刘建军, 赵战华. 海上风电基础结构研究现状及发展趋势 [J]. 海洋工程, 2009, 27 (2): 130-134.

[66] 舒杰, 张先勇, 沈玉梁, 等. 可再生能源分布式微网电源规划方法及应用 [J]. 控制理论与应用, 2010, 27 (5): 675-680.

[67] 王坤林, 游亚戈, 张亚群. 海岛可再生独立能源电站能量管理系统 [J]. 电力系统自动化, 2010, 34 (14): 13-17.

[68] 李加林, 沈满洪, 马仁锋, 等. 海洋生态文明建设背景下的海洋资源经济与海洋战略 [J]. 自然资源学报, 2022, 37 (4): 829-849.

[69] 李忠义, 林群, 李娇, 等. 中国海洋牧场研究现状与发展 [J]. 水产学报, 2019, 43 (9): 1870-1880.

[70] "中国工程科技2035发展战略研究" 海洋领域课题组. 中国海洋工程科技2035发展战略研究 [J]. 中国工程科学, 2017, 19 (1): 108-117.

[71] 魏一鸣,韩融,余碧莹,等.全球能源系统转型趋势与低碳转型路径——来自IPCC第六次评估报告的证据[J].北京理工大学学报(社会科学版),2022,24(4):163-188.

[72] 伍良旭,邹慧敏,陈威,等.国家自然保护区海岛森林碳汇潜力评估及驱动因素分析[J].海洋学研究,2023,41(1):96-109.

[73] 刘伟民,麻常雷,陈凤云,等.海洋可再生能源开发利用与技术进展[J].海洋科学进展,2018,36(1):1-18.

[74] 周守为,李清平,朱海山,等.海洋能源勘探开发技术现状与展望[J].中国工程科学,2016,18(2):19-31.

[75] 李文翔,李晔,蔡近近.政府——企业——居民协同共治的道路交通碳交易机制[J].中国环境科学,2021,41(9):4426-4438.

[76] 焦念志,刘纪化,石拓,等.实施海洋负排放践行碳中和战略[J].中国科学:地球科学,2021,51(4):632-643.

[77] 胡姗,张洋,燕达,等.中国建筑领域能耗与碳排放的界定与核算[J].建筑科学,2020,36(S2):288-297.

[78] 于贵瑞,朱剑兴,徐丽,等.中国生态系统碳汇功能提升的技术途径:基于自然解决方案[J].中国科学院院刊,2022,37(4):490-501.

[79] 叶强,高超越,姜广鑫.大数据环境下我国未来

区块链碳市场体系设计 [J]. 管理世界, 2022, 38 (1): 229-249.

[80] 杜之利, 苏彤, 葛佳敏, 等. 碳中和背景下的森林碳汇及其空间溢出效应 [J]. 经济研究, 2021, 56 (12): 187-202.

[81] 武亮, 董莹锆, 周建华, 等. 碳排放约束下绿色技术创新供需双方的利益均衡博弈分析 [J]. 生态经济, 2024, 40 (5): 71-78.

[82] 张国胜, 陈勇, 张沛东, 等. 中国海域建设海洋牧场的意义及可行性 [J]. 大连水产学院学报, 2003 (2): 141-144.

[83] 王兵, 牛香, 宋庆丰. 基于全口径碳汇监测的中国森林碳中和能力分析 [J]. 环境保护, 2021, 49 (16): 30-34.

[84] 王法明, 唐剑武, 叶思源, 等. 中国滨海湿地的蓝色碳汇功能及碳中和对策 [J]. 中国科学院院刊, 2021, 36 (3): 241-251.

[85] 焦念志. 研发海洋"负排放"技术支撑国家"碳中和"需求 [J]. 中国科学院院刊, 2021, 36 (2): 179-187.

[86] 向鹏成, 谢怡欣, 李宗煜. 低碳视角下建筑业绿色全要素生产率及影响因素研究 [J]. 工业技术经济, 2019, 38 (8): 57-63.

[87] 宋扬. 行政法视角下新能源汽车碳积分制度完善探究 [J]. 生态经济, 2020, 36 (4): 26-29.

[88] 唐启升, 刘慧. 海洋渔业碳汇及其扩增战略

[J]. 中国工程科学, 2016, 18 (3): 68 – 73.

[89] 张樨樨, 郑珊, 余粮红. 中国海洋碳汇渔业绿色效率测度及其空间溢出效应 [J]. 中国农村经济, 2020 (10): 91 – 110.

[90] 张力沛, 刘玉涵, 徐宪东, 等. 基于电力储能船舶的海上能源岛电力外送技术经济分析 [J/OL]. 高电压技术, 1 – 14 [2025 – 04 – 25].

[91] 狄乾斌, 侯智文, 陈小龙. 海岛地区碳排放脱钩效应及驱动因素研究——基于 Tapio 脱钩指标和 LMDI 分解模型 [J]. 资源开发与市场, 2024, 40 (7): 1010 – 1019.

[92] 伍婧, 涂敏, 严新平, 等. 我国海洋港口新能源技术应用发展探析 [J]. 中国工程科学, 2024, 26 (4): 234 – 244.

[93] 陈韶阳, 刘娜, 仝照铎, 等. 基于 SAVEE 方法的海岛生态文明建设评价指标体系构建——以施公寮岛与海陵岛为例 [J]. 海洋湖沼通报, 2024, 46 (4): 182 – 189.

[94] 张智玮, 池源, 刘大海, 等. 我国南方典型海岛景观格局及其对生态系统的影响 [J]. 海洋环境科学, 2023, 42 (3): 449 – 458.

[95] 郑蔚恒. 基于生态适宜性和陆海统筹视角的海岛分类开发管理研究 [D]. 华东师范大学, 2020.

[96] 刘建威, 郭敏, 蔡其勇. 拓展滨海旅游发展空间 加强高端旅游产品开发 [N]. 惠州日报, 2024, 1024 (2): 28396.

[97] 张小琼, 杨自强. 全域旅游视角下海岛生态旅游开发路径研究——以广东省湛江市南三岛为例 [J]. 商展经

济，2024（7）：48-51.

[98] 朱国弟，尚整锋. 带动行业供应链绿色转型 打造可持续发展产业生态［J］. 通信企业管理，2025（4）：33-36.

[99] 朱文博，邓颖，胡奕沛. 自航式深远海养殖网箱供配电系统配置研究［J］. 机电信息，2025（6）：16-19.

[100] 王育宝，樊鑫. 碳中和目标驱动下多能互补体系政策协同机理与实现路径［J］. 北京工业大学学报（社会科学版），2024，24（6）：139-153.

[101] 朱金星. 中国沿海海洋渔业经济可持续发展对策［J］. 农业产业化，2025（1）：66-68.

[102] 孙旋辉，张霖，薛婷，等. 科技加持下产业融合推进渔业高质量发展的思考［J/OL］. 水产科技情报，2025，1-7.

[103] 郭致远，王军. 农渔光互补的光伏电站对土地利用效能影响——以某光伏电站项目中21.3MW部分容量为例［J］. 中国信息界，2025（3）：68-70.

后　　记

　　为深入贯彻习近平总书记关于生态文明建设、碳达峰碳中和、应对全球气候变化等重要论述，认真落实省委、省政府支持烟台打造绿色低碳高质量发展示范城市的定位要求，烟台市以"长岛国际零碳岛"为载体，于2024年11月牵头发起《国际零碳岛屿合作倡议》，并计划在举行2025绿色低碳高质量发展大会期间，与零碳岛屿建设相关的国际组织一起，发起成立"国际零碳岛屿合作组织"，开展绿色低碳发展国际合作，助力国家气候外交。山东工商学院以服务国家和地方战略为宗旨，于2024年10月依托山东工商学院的工商管理学院成立院级研究机构"零碳岛屿研究院"，研究团队获批山东省唯一的"零碳岛屿创新团队"，2025年3月依托山东工商学院成立校级研究机构"国际零碳岛屿研究院"。

　　为助力烟台市高质量打造好长岛国际零碳岛、顺利成立"国际零碳岛屿合作组织"，在实地调研上海崇明岛、浙江大陈岛、福建湄洲岛、广东横琴岛、海南东屿岛、山东灵山岛等典型海岛和对接联合国环境规划署和开发计划署的基础上，笔者着手开展中国海岛零碳模式及实现路径相关研究，

后　记

形成了本书《中国海岛零碳模式及实现路径》，在本书的撰写过程中，我们形成了 8 项决策咨询建议，其中，6 项获得了烟台市市长、副市长等领导的肯定性批示 1 项，被国家发展改革委《改革内参》收录刊发。

本书主要包括岛屿概况、研究现状、实践总结、动力与制约条件、模式总结五部分内容。每一部分内容都得到了团队成员的支持和帮助。其中，岛屿概况部分要重点感谢学生冯棋、戴雨真、王晓凡和朱元坤等人的支持；研究现状部分要重点感谢杨政翰老师、于向宇老师、牛秀红老师和辛沛祝老师的支持；实践总结部分要重点感谢学生马泽芋、胡熹微、朱思懿和孔德淑等的支持；动力与制约条件要重点感谢学生邵春杰、方冉和路开的支持；模式总结要重点感谢所有参与者的集思广益与启发。

本书是我们"零碳岛屿创新团队"的第一本著作，此后我们将开展零碳海岛建设的经济环境效应评价研究，希望感兴趣的学者参与；同时，为服务烟台市发起成立国际零碳岛屿合作组织，我们团队将每年推出一部小岛屿国家零碳建设进展报告，作为国际零碳岛屿合作组织的支持成果。集腋成裘、水滴石穿，希望在我们团队的努力下，未来形成关于零碳海岛的系列成果，供各方参考使用。

李　跃

2025 年 4 月 13 日